漢字

학부모님들의 뜨거운 사랑, 최고의 학습지로 보답하겠습니다!

기탄학습지를 사랑해 주시는 전국의 유·초등학생, 그리고 학부모님 여러분!

그동안 기탄교육은 대한민국 모든 어린이들이 공평한 교육기회를 누릴 수 있도록, 저렴하면서도 최고의 학습효과를 거둘 수 있는 서점용 학습지를 개발·보급하여 왔습니다. 대표 브랜드 기탄수학을 비롯하여 기탄사고력수학, 기탄국어와 급수한자, 스텐퍼드영단어 등 기탄의 학습지들은 자녀교육에 관심이 높은 학부모님들께 꾸준한 인기를 얻었으며, 그 결과 기탄수학이 3년 연속 주요 일간지 학습지부문 히트상품에 선정되기도 했습니다. 또한 외국 교포, 외국에서 근무하는 외교관이나 상사주재원의 자녀, 이민이나 조기유학을 떠나는 학생들에게 기탄학습지는 꼭 챙겨야 하는 중요품목으로 자리잡게 되었습니다.

기탄교육은 이러한 성원에 힘입어 교재에 대한 다양한 요구를 수렴하고, 교육의 시대적 변화에 능동적으로 대처한 신개념 학습지 기탄한글과 기탄영어를 개발하여 전국의 학부모님들로부터 뜨거운 찬사를 받고 있습니다. 특히 세계 최초로 채택한 4 in 1 시스템 제본은 뛰어난 학습 효과는 물론이고, 고객중심의 사고로 우리나라 교육출판 역사에 한 획을 그은 획기적인 발상으로 평가받고 있습니다.

이번에 새로이 선보인 「기탄한자」 역시 어린이들과 학부모님의 기대에 부응하는 최고의 한자학습지라 자부합니다. 최근 한자능력검정시험에 응시하여 자격증을 따는 초등학생의 숫자가 기하급수적으로 증가하는 등 한자교육의 중요성이 높아지고 있습니다. 특히 어릴 때부터 한자를 익히면 중국어나 일본어를 습득하는데도 큰 도움이 될 뿐만 아니라 국어의 언어능력이 높아지고 학습효과가 증대된다는 많은 연구보고가 있습니다.

'곡식은 농부의 발자국 소리를 듣고 자란다'는 말처럼 아이들 교육에서도 부모의 관심과 애정이 가장 큰 힘이요, 자양분입니다. 무조건 값비싼 사교육에 우리 아이들을 맡기기보다는 아이들 스스로 공부하는 힘을 길러줄 수 있도록 기초 교육만큼은 부모님께서 직접 챙겨 주십시오.
앞으로도 저희 기탄교육은 항상 연구하고 노력하는 자세로 부모와 자녀가 함께 공부할 수 있는 좋은 교재를 개발하기 위해 모든 노력을 경주하겠습니다.

기탄을 사랑하시는 전국의 모든 학부모님과 어린이 여러분께 진심으로 감사의 말씀을 드립니다.

(주) 기탄교육 임직원 일동

그림으로 익히고 놀이로 기억하는 〈입체 한자 학습프로그램〉

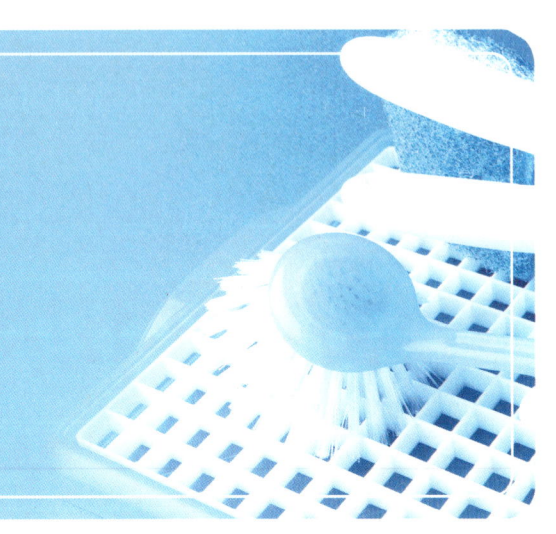

이미지 연상에 의한 그림 한자 학습

한자는 그림에서 출발한 문자입니다. 사물의 모양을 본떠서 점차 상징화된 표의문자(뜻글자)로 발전하여 오늘날 세계에서 가장 많은 수의 인구가 사용하는 문자가 되었습니다. 기탄한자는 아이들에게 한자를 그림의 일부로서 뜻을 기억하게 하고 사물의 모양에서 문자 요소를 각인하도록 하였습니다. 학습지업계 최초로 이미지 연상을 통한 그림 한자를 개발하여 아이들은 한자를 기호가 아닌 그림 덩어리로 받아들여 저절로 기억하게 됩니다.

자원변화 과정의 이해를 통한 원리 이해 학습

기탄한자는 무조건 쓰고 외우는 방식이 아니라 자원변화 과정의 이해를 통한 제자 원리를 이해하도록 합니다. 갑골문 – 금문 – 설문해자의 한자 변천 과정을 아이들의 눈으로 접해 보며 원리 이해에 의한 한자 학습을 진행합니다. 문자학계의 정설을 엄선하여 학문적으로 여러 번의 감수와 고증을 거친 한자 학습의 표본이 될 수 있는 한자 학습프로그램입니다.

학습 효과를 극대화하는 체계적인 학습 전개 방식

한 주의 학습 전개 방식은
복습 ➡ 도입 ➡ 전개 ➡ 활용 ➡ 정리 ➡ 상식 ➡ 놀이
학습의 순서로 전개됩니다.

복습 한 주 학습의 시작은 항상 지난 주에 학습했던 한자의 복습으로 출발합니다.

도입 재미있는 창작 동화를 통해 이번 주에 익힐 한자의 개념을 접하고 스티커 활동을 통해 흥미를 불러일으킵니다.

전개 각각 한자의 뜻과 소리와 모양 그리고 필순, 부수, 한자어 등을 익히게 됩니다.

활용 학습한 한자를 다양한 놀이 방법을 통하여 자연스럽게 좌뇌와 우뇌를 개발하는 이미지 학습법으로 한자 실력을 다져 나갑니다.

정리 앞서 익힌 3요소, 필순, 부수 등 한자의 가장 필수적인 내용을 마무리합니다.

상식 한자와 관련된 상식, 고사, 유래, 일화 등 여러 가지 흥미로운 이야기들을 엄마와 아이가 함께 읽어 나가면서 학습에 진정한 재미를 느낄 수 있습니다.

놀이 오리기, 접기, 만들기, 퍼즐 맞추기, 그림 그리기, 만화 등 아이의 오감을 이용할 수 있는 놀이 활동으로 한 주 학습을 마무리합니다.

아이들은 한자박사로, 엄마는 진정한 선생님으로 만들어 드립니다

아동의 좌우뇌 발달을 돕는 한자 학습

대뇌를 연구하는 학자들에 의하면 6세 이전에는 우뇌가 주로 발달하고 그 이후에는 좌뇌 발달이 이루어진다고 합니다. 우뇌는 이미지, 직관, 예술 등의 기능을 담당하고 좌뇌는 분석적, 논리적, 언어적인 역할을 담당합니다. 기탄한자만의 자랑인 그림 한자, 도트 연결 한자, 숨은 한자, 직관 한자 등 이미지 요소 학습을 통해 직관력과 통찰력을 키워 아이의 우뇌를 자극해 줍니다. 또, 뜻, 소리, 모양 분리하기, 규칙성 알기, 모눈한자 따라가기, 모양 추리하기, 한글·한자병기 학습은 아이의 좌뇌를 개발시켜 줍니다. 10세 미만의 아이라면 바로 기탄한자로 아이의 두뇌개발을 도와 주세요.

하나의 한자를 37회 연습하는 완전학습 프로그램

예를 들어 山(산/뫼 산)이라는 하나의 한자를 기탄한자 프로그램 내에서 총 37회의 학습 기회를 갖게 했습니다. 복습, 도입, 전개, 활용, 응용 등 다양한 학습의 장을 마련하여 아이들은 자신도 모르는 사이에 한자를 접하고 익히게 됩니다. 37회의 학습 기회는 한자를 완전학습으로 이끌어 주는 지름길이 됩니다.

다양한 놀잇감을 통한 입체적 놀이학습

기존의 주입식, 쓰기 일변도의 한자 학습법에서 벗어나 아이들의 오감을 자극하고 아이들이 학습의 주인공이 되는 부교재와 함께 학습합니다. 각 집(권)마다 한자 카드, 스티커는 물론, 한자어 카드와 모형 놀이, 창열기 놀이, 파노라마 놀이, 조각 한자 맞추기 놀이, 병풍 놀이, 브로마이드 등 패키지 학습물 수준의 놀잇감이 아이들의 학습을 재미로 이끌어 줍니다.

독립적인 복습호 운용과 학습 성취도 평가 시스템

4주마다 한 번씩 복습주를 편성하여 앞서 익힌 한자들을 기억하도록 구성하였습니다. 이미 학습한 한자를 시간의 흐름과 함께 잊어버리지 않도록 각 집(권)마다 1호씩 총복습의 기회를 갖게 합니다. 또, 복습호에서는 일정 기간 동안의 학습 성취도를 점검하는 형성평가를 구성하여 올바른 진도 진행을 도왔습니다. 엄마는 집(권)별 형성평가와 각 단계별 총괄평가를 통하여 우리 아이의 학습 상황을 점검하고 적절한 동기유발과 칭찬으로 진정한 엄마 선생님이 될 수 있습니다.

〈형성평가와 총괄평가〉

어렸을 때 배운 한자는 평생을 통해 활용됩니다
한자 학습의 중요성이 날로 높아지고 있습니다

● 한자 학습은 왜 필요할까요?

한자 학습은 이제 선택이 아닌 필수가 되었습니다. 우리의 언어 생활에 반드시 필요한 영역이라는 인식과 함께 한자가 지닌 학문적 전이성, 시대적 필요성 등이 재해석 되고 있기 때문입니다.

첫째, 우리말의 70% 이상이 한자어로 이루어졌기 때문에 기본적인 언어 생활에 도움을 줍니다. 곧 우리말을 바르게 이해하고 올바른 국어 생활을 하기 위해서는 한자를 아는 것이 필수적입니다.

둘째, 국어, 수학, 사회, 역사, 외국어 등 다른 학과 공부에 많은 도움을 줍니다. 예를 들어 수학을 공부할 때 분자(分子), 분모(分母), 분수(分數) 등 한자를 알고 있는 아이라면 수학의 개념도 훨씬 더 쉽고 정확하게 이해할 수 있습니다. 이렇게 한자는 타과목의 도구 교과적인 성격을 갖고 있습니다.

셋째, 어휘력과 이해력의 신장으로 문장 의미 파악이 쉬워져 책을 가까이 하는 아이로 만들어 줍니다. 한자는 조어력(造語力)과 의미 함축성이 매우 뛰어난 문자입니다. 이러한 이유로 전문서적이나 학술 용어 등은 한자로 표현되어 있습니다. 많은 양의 독서 경험은 곧 아이의 생각하는 힘과 창의력을 길러 줍니다.

넷째, 한자나 한문에는 선인들의 지혜와 윤리관이 배어 있어 바람직한 가치관과 예의범절을 배울 수 있습니다. 고전, 명문 속에 담긴 효행, 우애, 경로 등 사상적인 유산을 통해 바람직한 가치관을 가질 수 있고 나아가 사람이 해야 할 도리, 어른을 공경하는 자세, 학문을 배우는 자세 등도 익힐 수 있습니다.

● 한자 학습의 추세는 어떤가요?

한자 사용을 사대주의적 발상, 중국의 문자 차용이라고 보는 종전의 시각에서 벗어나 이제는 우리 언어의 일부라는 인식이 확대되어 초등학생부터 성인까지 한자 학습 열풍이 불고 있습니다.

첫째, 한자능력검정시험의 자격증이 국가 공인 자격증으로 인정됨에 따라 유아~성인에 이르기까지 한자 학습 붐이 일고 있습니다.

둘째, 21세기의 주역으로 한자 문화권이 급부상함에 따라 중국어, 일본어의 기초로서 한자 학습의 열기가 높아지고 있습니다. 한자는 세계인구의 1/4이 사용하고 있는 국제 문자로서 앞으로 그 중요성은 날로 높아질 것입니다.

셋째, 2005년부터 대학 수학 능력 시험 외국어 영역에 한문 과목이 추가되고 중·고등학교의 시험 출제 유형에서 논술 유형 출제 비중이 높아짐에 따라 한자 학습의 조기 교육이 일반화되어 가고 있는 상황입니다.

넷째, 대부분의 초등학교에서 재량시간으로 한자 학습을 시행하고 있습니다. 70년대 이후 한자 교육을 전혀 받지 못했던 부모님들과는 달리 현재 대부분의 초등학생들이 한자를 배우고 있습니다.

다섯째, 각종 공문서, 도로 표지판 등에 한자를 병기하는 국가 정책과 경제계, 교육계 등 각계의 한자 학습 요구에 대한 발표로 한자 학습의 중요성은 더욱 높아지고 있는 상황입니다.

한자 학습은 아이의 두뇌를 개발해 줍니다
한자 학습의 체계! 기탄한자가 잡아 줍니다

● 한자 학습의 효과는 무엇인가요?

▶ 한자는 그림에서 시작된 문자로서 구체적 이미지 자체가 곧 문자가 되었습니다. 이러한 시각적 이미지를 통한 학습은 곧 아동의 우뇌를 자극해 줍니다.

▶ 한자는 하나의 기초 개념에서 새로운 개념을 창출해 나갑니다. 이러한 과정을 통하여 아동의 창의력, 어휘력을 길러 줍니다.

▶ 한자는 저마다의 뜻, 소리, 모양을 각기 지닌 문자입니다. 이렇게 저마다의 뜻과 소리, 모양을 분석하는 연습을 통해 아동의 좌뇌 발달을 돕습니다.

▶ 한자는 부수와 몸이라는 수많은 부속품들의 조합으로 이루어진 문자입니다. 이러한 부속품들의 분리와 합체 과정을 통해 아이의 좌뇌를 발달하게 하고 논리력, 분석력을 키워 줍니다.

▶ 한자가 갖는 문자학적 특징은 조어력, 의미 함축성, 의미 명시성이 있습니다. 이미 만들어진 한자와 한자를 결합하여 새로운 단어를 만드는 조어력, 의미를 함축적으로 표현할 수 있는 의미 함축성, 의미가 바로 드러나는 의미 명시성이 있습니다.

한자 학습의 연구가 활발히 이루어지는 일본에서는 한자 학습의 시기가 빠를수록 좋다고 합니다. 그것은 우뇌 발달 시기인 6세 이전에 표의문자를 더 쉽게 받아들일 수 있으며, 초등학교 1학년 때가 가장 높은 효과를 보인다는 주장입니다. 그러므로 어른들의 관점으로 한자가 유아들에게 어렵다는 편견은 버려야 하며 한글을 어느 정도 읽을 수 있는 시기라면 한자 학습의 적기라고 할 수 있습니다.

● 기탄한자는 어떻게 구성되었나요?

▶ 기탄한자는 그림과 놀이로 시작하는 기초 한자 과정에서부터 고전명저의 명문장까지 한자 학습의 체계를 세우는 프로그램입니다. 중학교 교육용 한자 900자의 범위에서 기초한자(낱자)과정 ➔ 조어(교과서 한자어)과정 ➔ 문장(고전)과정의 학습까지 한자 학습의 체계를 세우는 학습목표로 개발되었습니다.

▶ 기초한자(낱자)과정(A단계~D단계)에서는 한자를 처음 시작하는 유아에서 한자 학습의 경험이 없는 초등학교 2학년생을 대상으로 상형자, 지사자 등 쉬운 개념의 기초한자 168자를 익히게 됩니다.
시각 이미지를 통한 그림한자의 각인과 다양한 부교재를 통한 놀이 학습으로 재미있게 학습하는 특성을 지니고 있습니다. 또, 최고의 일러스트와 세련된 디자인으로 아동의 정서적 심미감을 기를 수 있는 프로그램입니다. 기존의 한자 교재와는 차별화된 학습 효과를 얻을 수 있습니다.

▶ 조어(교과서 한자어)과정(E단계~G단계)에서는 총 90여권의 초등학교 교과서에 쓰인 모든 한자어를 사용 빈도와 한자 난이도에 따라 분석한 방대한 양의 데이터베이스를 갖추어 156자의 학습 한자와 530여 한자어를 선정하였습니다.

신출 한자와 이미 학습한 기출 한자를 조합하여 새로운 어휘를 만들어 내는 무궁무진한 조어(造語)의 원리를 아이가 스스로 깨달아 이해력과 어휘력이 높은 아이로 자라나게 해줍니다. 또 단편적인 한자 암기 학습에서 벗어나 국어, 수학, 사회, 과학 영역의 다양한 예문 학습과 창작 동화, 인물, 시, 신문, 고전이야기 등의 학습으로 학교 수업에 자신감을 길러 주고 나아가 어휘력, 사고력 향상으로 논술의 기초 능력까지 배양해 줍니다.

구성내용

A·B단계 교재별 구성내용은 이렇습니다

◆ 기탄한자 **A단계** 호별 학습 내용 및 부교재

집	호		학습 한자	학습 한자어	부교재
1집	1	1a ~ 12a	山, 川, 日	강산, 등산/ 하천, 산천/ 일기, 일월	한자 모형 놀이 한자 카드 한자어 카드
	2	13a ~ 24a	月, 火, 水	반월, 月급/ 火산, 火재/ 水영장, 水요일	
	3	25a ~ 36a	木, 金, 土	木수, 식木일/ 金구, 황金/ 국土, 土지	
	4	37a ~ 48a	복습+놀이 학습	복습	
2집	5	49a ~ 60a	一, 二, 三	一등, 통一/ 二층, 二학년/ 三각형, 三총사	한자 창열기 놀이 한자 카드 한자어 카드
	6	61a ~ 72a	四, 五, 六	四방, 四계절/ 五선지, 五월/ 六학년, 六반	
	7	73a ~ 84a	七, 八, 九	북두七성, 七면조/ 八도강산, 八방미인/ 九관조, 九구단	
	8	85a ~ 96a	복습+놀이 학습	복습	
3집	9	97a ~ 108a	十, 百, 千	十자가, 十월/ 百점, 百화점/ 千자문, 千리마	한자 파노라마 놀이 한자 카드 한자어 카드
	10	109a ~ 120a	耳, 目, 口	耳목, 耳비인후과/ 제目, 면目/ 식口, 출입口	
	11	121a ~ 132a	人, 手, 足	人간, 人형/ 手술, 선手/ 足구, 수足	
	12	133a ~ 144a	복습+놀이 학습	복습	
4집	13	145a ~ 156a	田, 石, 玉	유田, 대田/ 石공, 石굴암/ 백玉, 玉동자	한자 브로마이드 한자 카드
	14	157a ~ 168a	力, 大, 小	人力거, 풍力/ 大학생, 大가족/ 小아과, 小인국	
	15	169a ~ 180a	上, 中, 下	上의, 上행선/ 中국, 中심/ 下교, 下인	
	16	181a ~ 192a	복습+총괄 평가+놀이 학습	복습	

◆ 기탄한자 **B단계** 호별 학습 내용 및 부교재

집	호		학습 한자	학습 한자어	부교재
1집	1	1a ~ 12a	犬, 牛, 羊	충犬, 애犬/ 牛유, 牛마차/ 羊모, 백羊	한자 모형 놀이 한자 카드 한자어 카드
	2	13a ~ 24a	父, 母, 子	父모, 父자/ 母녀, 학부母/ 子녀, 여子	
	3	25a ~ 36a	生, 心, 身	生일, 선生/ 心신, 안心/ 身체, 身장	
	4	37a ~ 48a	복습+놀이 학습	복습	
2집	5	49a ~ 60a	車, 士, 己	車도, 자전車/ 군士, 박士/ 자己, 극己	한자 창열기 놀이 한자 카드 한자어 카드
	6	61a ~ 72a	自, 工, 門	自동차, 自연/ 목工, 工장/ 대門, 창門	
	7	73a ~ 84a	刀, 王, 白	단刀, 은장刀/ 王자, 국王/ 白지, 흑白	
	8	85a ~ 96a	복습+놀이 학습	복습	
3집	9	97a ~ 108a	魚, 貝, 鳥	인魚, 魚항/ 貝물, 貝총/ 백鳥, 길鳥	한자 파노라마 놀이 한자 카드 한자어 카드
	10	109a ~ 120a	主, 册, 雨	主인, 主객/ 册상, 공册/ 雨산, 雨의	
	11	121a ~ 132a	風, 里, 竹	風차, 강風/ 里장, 里정표/ 竹림, 竹도	
	12	133a ~ 144a	복습+놀이 학습	복습	
4집	13	145a ~ 156a	草, 花, 馬	약草, 草가/ 무궁花, 花원/ 경馬장, 馬부	한자 브로마이드 한자 카드
	14	157a ~ 168a	男, 女, 夕	男녀, 미男/ 소女, 선女/ 夕양, 추夕	
	15	169a ~ 180a	舌, 齒, 面	작舌차, 舌음/ 齒과, 충齒/ 가面, 수面	
	16	181a ~ 192a	복습+총괄 평가+놀이 학습	복습	

C·D단계 교재별 구성내용은 이렇습니다

◆ 기탄한자 **C단계** 호별 학습 내용 및 부교재

집	호		학습 한자	학습 한자어	부교재
1집	1	1a ~ 12a	文, 化, 言, 才	文인, 文신/ 化석, 문化/ 言어, 言론/ 다才, 천才	한자 맞추기 놀이 한자 카드 한자어 카드
	2	13a ~ 24a	兄, 弟, 交, 友	兄제, 학부兄/ 의兄弟, 弟자/ 交통, 외交/ 交友, 전友	
	3	25a ~ 36a	多, 少, 血, 肉	多정, 多소/ 少녀, 노少/ 심血, 血육/ 肉식, 肉신	
	4	37a ~ 48a	복습+놀이 학습	복습	
2집	5	49a ~ 60a	出, 入, 內, 外	出구, 出생/ 入구, 出入/ 國內, 차內/ 外국, 內外	한자 병풍 놀이 한자 카드 한자어 카드
	6	61a ~ 72a	去, 來, 立, 坐	去래, 과去/ 來일, 미來/ 자立, 立동/ 정坐	
	7	73a ~ 84a	光, 明, 行, 步	光명, 풍光/ 문明, 明월/ 산行, 行진/ 步병, 步행	
	8	85a ~ 96a	복습+놀이 학습	복습	
3집	9	97a ~ 108a	天, 地, 江, 河	天사, 天국/ 천地, 地구/ 江산, 江촌/ 河천, 은河수	한자 주사위 놀이 한자 카드 한자어 카드
	10	109a ~ 120a	毛, 皮, 角, 蟲	毛피, 양毛/ 목皮, 皮혁/ 녹角, 직角/ 초蟲, 해蟲	
	11	121a ~ 132a	古, 今, 衣, 食	古목, 古서/ 고今, 今일/ 우衣, 하衣/ 외食, 초食	
	12	133a ~ 144a	복습+놀이 학습	복습	
4집	13	145a ~ 156a	君, 臣, 兵, 辛	君주, 君신/ 臣하, 충臣/ 兵사, 兵력/ 辛병, 辛업	한자 브로마이드 한자 카드
	14	157a ~ 168a	方, 向, 左, 右	지方, 方향/ 풍向, 남向/ 左우, 左향左/ 右회전, 左右명	
	15	169a ~ 180a	本, 末, 分, 合	근本, 本인/ 末일, 본末/ 分교, 分수/ 合창, 合심	
	16	181a ~ 192a	복습+총괄 평가+놀이 학습	복습	

◆ 기탄한자 **D단계** 호별 학습 내용 및 부교재

집	호		학습 한자	학습 한자어	부교재
1집	1	1a ~ 12a	靑, 赤, 音, 色	靑산, 靑년/ 赤색, 赤십자/ 音악, 音색/ 백色, 色지	한자 맞추기 놀이 한자 카드 한자어 카드
	2	13a ~ 24a	住, 所, 姓, 名	의식住, 住택/ 所감, 장所/ 姓명, 백姓/ 名작, 지名	
	3	25a ~ 36a	利, 用, 有, 無	利용, 예利/ 공用, 식用/ 有명, 소有/ 無인도, 無례	
	4	37a ~ 48a	복습+놀이 학습	복습	
2집	5	49a ~ 60a	公, 平, 意, 思	公공, 公무원/ 平화, 平야/ 意견, 동意/ 思고, 思상	한자 병풍 놀이 한자 카드 한자어 카드
	6	61a ~ 72a	老, 弱, 貧, 富	老인, 원老/ 弱세, 노弱/ 貧약, 貧혈/ 富귀, 富자	
	7	73a ~ 84a	正, 直, 忠, 孝	正직, 正답/ 直선, 直각/ 忠성, 忠언/ 孝도, 孝녀	
	8	85a ~ 96a	복습+놀이 학습	복습	
3집	9	97a ~ 108a	前, 後, 走, 止	역前, 오前/ 오後, 식後/ 활走로, 경走/ 止혈, 금止	한자 주사위 놀이 한자 카드 한자어 카드
	10	109a ~ 120a	法, 道, 完, 全	法률, 法원/ 道로, 道덕/ 完승, 完성/ 全국, 안全	
	11	121a ~ 132a	善, 惡, 長, 短	善악, 善행/ 惡마, 惡몽/ 長검, 사長/ 장短, 短명	
	12	133a ~ 144a	복습+놀이 학습	복습	
4집	13	145a ~ 156a	世, 界, 國, 家	世계, 출世/ 외界, 정界/ 國왕, 國어/ 家족, 작家	한자 브로마이드 한자 카드
	14	157a ~ 168a	東, 西, 見, 聞	東서남북, 東해/ 西구, 西부/ 발見, 見학/ 新聞, 풍聞	
	15	169a ~ 180a	南, 北, 兒, 童	南극, 南대문/ 北극, 北상/ 유兒, 兒동/ 목童, 童화	
	16	181a ~ 192a	복습+총괄 평가+놀이 학습	복습	

구성내용

E단계 교재별 구성내용은 이렇습니다

◆ 기탄교과서한자 E단계 호별 학습 내용 및 부교재

집	호		학습 한자	학습 한자어		심화 영역		부교재
1집	1	1a~16a	寸京品市	寸 : 四寸, 外三寸, 四寸間 品 : 食品, 用品, 作品	京 : 上京, 京畿道, 京仁線 市 : 市內, 市場, 市立	창작동화	소중한 지폐 한 장 1	한자 카드 쓰기보따리 형성평가
						고사성어	水魚之交	
						시	사랑스런 추억 - 윤동주	
	2	17a~32a	巨具各曲	巨 : 巨人, 巨大, 巨木 各 : 各各, 各自, 各國	具 : 家具, 道具, 用具 曲 : 作曲, 曲線, 行進曲	창작동화	소중한 지폐 한 장 2	
						고사성어	他山之石	
						시	봄 - 빅토르 위고	
	3	33a~48a	可由原因	可 : 可能, 可決, 不可能 原 : 原子力, 原因, 草原	由 : 自由, 由來, 理由 因 : 原因, 因果, 要因	창작동화	슬기로운 재판 1	
						고사성어	見物生心	
						시	절정 - 이육사	
	4	49a~64a	복습	복습		창작동화	슬기로운 재판 2	
						고사성어	漁夫之利	
						시	동방의 등불 - 타고르	
2집	5	65a~80a	同求失反	同 : 同生, 同行, 合同 失 : 失手, 失明, 失言	求 : 求心力, 要求, 求人 反 : 反面, 反省, 反共	창작동화	닭이 사람과 함께 살게 된 이유 1	한자 카드 쓰기보따리 형성평가
						고사성어	五十步百步	
						시	접동새 - 김소월	
	6	81a~96a	告共首民	告 : 忠告, 原告, 告白 首 : 自首, 首弟子, 首相	共 : 共同, 公共, 共生 民 : 市民, 國民, 民心	창작동화	닭이 사람과 함께 살게 된 이유 2	
						고사성어	登龍門	
						시	눈 내린 아침 - 이인로	
	7	97a~112a	元先年回	元 : 元日, 元金, 元來 年 : 少年, 靑年, 一年	先 : 先生, 先山, 先王 回 : 一回用品, 河回, 回轉	창작동화	쇠를 먹는 쥐 1	
						고사성어	馬耳東風	
						시	눈 오는 저녁 - 김소월	
	8	113a~128a	복습	복습		창작동화	쇠를 먹는 쥐 2	
						고사성어	白眉	
						시	만돌이 - 윤동주	
3집	9	129a~144a	不非未必	不 : 不足, 不公平, 不平 未 : 未安, 未來, 未完成	非 : 非行, 是非, 非常口 必 : 必要, 生必品, 不必要	창작동화	세 친구 1	한자 카드 쓰기보따리 형성평가
						고사성어	多多益善	
						시	삶이 그대를 속일지라도 - 푸슈킨	
	10	145a~160a	知加字幸	知 : 知人, 知己, 告知 字 : 文字, 數字, 十字	加 : 加入, 加味, 加工 幸 : 多幸, 不幸, 幸福	창작동화	세 친구 2	
						고사성어	聞一知十	
						시	집 - 김영랑	
	11	161a~176a	表形味香	表 : 表面, 表情, 表明 味 : 意味, 風味, 口味	形 : 人形, 三角形, 地形 香 : 香水, 香氣, 香	창작동화	꿀강아지 1	
						고사성어	知音	
						시	올벼 고개 숙이고 - 이현보	
	12	177a~192a	복습	복습		창작동화	꿀강아지 2	
						고사성어	竹馬故友	
						시	행복 - 한용운	
4집	13	193a~208a	星軍相和	星 : 行星, 天王星, 北斗七星 相 : 首相, 人相, 色相	軍 : 軍人, 國軍, 軍士 和 : 平和, 和音, 共和國	창작동화	흰 코끼리의 전설	한자 카드 쓰기보따리 형성평가
						고사성어	千里眼	
						시	나그네의 밤 노래 - 괴테	
	14	209a~224a	單別命祖	單 : 單元, 名單, 食單 命 : 生命, 人命, 命令	別 : 別名, 別世, 分別 祖 : 先祖, 祖上, 祖父母	창작동화	뱀이 기어 다니게 된 이유 1	
						고사성어	朝三暮四	
						시	말 없는 청산이오 - 성혼	
	15	225a~240a	居章異再	居 : 住居, 居室, 同居 異 : 異常, 異意, 大同小異	章 : 文章, 圖章, 樂章 再 : 再生, 再活用, 再三	창작동화	뱀이 기어 다니게 된 이유 2	
						고사성어	一擧兩得	
						시	〈사랑〉을 사랑하여요 - 한용운	
	16	241a~256a	복습	복습		창작동화	뱀이 기어 다니게 된 이유 3	
						고사성어	溫故知新	
						시	삶의 아침인사 - 애너 리티셔 바볼드	

F단계 교재별 구성내용은 이렇습니다

◆ 기탄교과서한자 F단계 호별 학습 내용 및 부교재

집	호		학습 한자	학습 한자어		심화 영역		부교재
1집	1	1a~16a	仁仙信休	仁 : 仁川, 仁祖, 仁君 信 : 信用, 自信, 信念	仙 : 仙女, 水仙花, 仙人 休 : 公休日, 休火山, 休息	창작동화	달밤에 얻은 행운 1	한자 카드 쓰기보따리 형성평가
						고사성어	天高馬肥	
						전래동화	빨간부채 파란부채	
	2	17a~32a	安宅官容	安 : 未安, 安心, 安全 官 : 法官, 官家, 外交官	宅 : 住宅, 自宅, 宅地 容 : 容恕, 内容, 美容	창작동화	달밤에 얻은 행운 2	
						고사성어	大器晩成	
						전래동화	사만년을 산 사람	
	3	33a~48a	海洋漁洗	海 : 地中海, 東海, 海外 漁 : 漁夫, 漁村, 出漁	洋 : 東洋, 西洋, 海洋 洗 : 洗手, 洗車, 洗面	창작동화	백일홍이야기 1	
						고사성어	孟母三遷	
						전래동화	소금을 만드는 맷돌	
	4	49a~64a	복습	복습		창작동화	백일홍이야기 2	
						고사성어	蛇足	
						전래동화	우렁각시	
2집	5	65a~80a	他位俗保	他 : 他人, 他地, 自他 俗 : 民俗, 風俗, 世俗	位 : 方位, 品位, 單位 保 : 保全, 安保, 保有	창작동화	꾀 많은 장님 1	한자 카드 쓰기보따리 형성평가
						고사성어	梁上君子	
						전래동화	꼭두각시와 목도령	
	6	81a~96a	守室客定	守 : 守則, 保守, 守兵 客 : 主客, 客室, 客地	室 : 室内, 居室, 王室 定 : 一定, 決定, 安定	창작동화	꾀 많은 장님 2	
						고사성어	良藥苦於口	
						전래동화	잊으라 한 건 안 잊고	
	7	97a~112a	林村材校	林 : 山林, 國有林, 竹林 材 : 木材, 石材, 人材	村 : 山村, 漁村, 民俗村 校 : 下校, 校長, 校門	창작동화	바보 영웅 이야기 1	
						고사성어	座右銘	
						전래동화	반쪽이	
	8	113a~128a	복습	복습		창작동화	바보 영웅 이야기 2	
						고사성어	矛盾	
						전래동화	고양이와 푸른 구슬	
3집	9	129a~144a	決洞注流	決 : 決定, 決心, 可決 注 : 注文, 注意, 注目	洞 : 洞口, 洞長, 仁寺洞 流 : 上流, 交流, 流行	창작동화	괴물 잡은 이발사	한자 카드 쓰기보따리 형성평가
						고사성어	同床異夢	
						전래동화	임자가 따로 있는 요술 궤짝	
	10	145a~160a	便作使代	便 : 便利, 便安, 大便 使 : 使用, 天使, 使臣	作 : 作心三日, 作用, 作品 代 : 古代, 代表, 代身	창작동화	수수께끼 하나	
						고사성어	結草報恩	
						전래동화	배나무골 이도령	
	11	161a~176a	念志感想	念 : 信念, 記念, 一念 感 : 共感, 自信感, 所感	志 : 意志, 同志, 志士 想 : 回想, 思想, 感想	창작동화	행운을 찾아다니는 사나이 1	
						고사성어	井中之蛙	
						전래동화	하늘 나라 밭 구경	
	12	177a~192a	복습	복습		창작동화	행운을 찾아다니는 사나이 2	
						고사성어	近墨者黑	
						전래동화	솜뭉치 꼬리가 된 토끼	
4집	13	193a~208a	計記語詩	計 : 時計, 合計, 生計 語 : 用語, 國語, 言語	記 : 日記, 記入, 記念 詩 : 童詩, 詩人, 三行詩	창작동화	그림자 없는 탑 1	한자 카드 쓰기보따리 형성평가
						고사성어	有備無患	
						전래동화	은혜 갚은 까치	
	14	209a~224a	情性進造	情 : 人情, 友情, 心情 進 : 行進, 進出, 先進國	性 : 性品, 性情, 女性 造 : 造成, 造形, 人造	창작동화	그림자 없는 탑 2	
						고사성어	走馬看山	
						전래동화	두 개가 된 금덩이	
	15	225a~240a	始好雲雪	始 : 始作, 元始, 始祖 雲 : 星雲, 白雲, 青雲	好 : 同好人, 好意, 好感 雪 : 白雪, 雪景, 雪山	창작동화	그림자 없는 탑 3	
						고사성어	螢雪之功	
						전래동화	구렁이 신랑	
	16	241a~256a	복습	복습		창작동화	그림자 없는 탑 4	
						고사성어	苦盡甘來	
						전래동화	바리공주	

구성내용

G단계 교재별 구성내용은 이렇습니다

◆ 기탄교과서한자 G단계 호별 학습 내용 및 부교재

집	호		학습 한자	학습 한자어	심화 영역		부교재
1집	1	1a~16a	果實夫婦美	果:成果, 果實, 靑果, 無花果 實:行實, 實力, 實生活, 口實 夫:工夫, 夫子, 夫人, 漁夫 婦:主婦, 夫婦, 婦人, 婦女子 美:美化員, 美國人, 美人, 美化	인물	마크 트웨인	한자 카드 쓰기보따리 형성평가
					창작동화	소가 골라준 새 신랑 1	
					고사성어	改過遷善	
					기사문	돈 더 버는 아내 집안일 더 한다	
	2	17a~32a	重要活動得	重:重要, 所重, 貴重, 重大 要:必要, 主要, 要求, 要所 活:活用, 生活, 活字, 活力 動:活動, 行動, 動力, 動作 得:所得, 利得, 得失	인물	어네스트 톰슨 시턴	
					창작동화	소가 골라준 새 신랑 2	
					고사성어	錦衣還鄕	
					기사문	컬러식품 좋아졸아	
	3	33a~48a	夜景成功者	夜:夜食, 白夜, 夜光, 夜行 景:風景, 光景, 山景, 雪景 成:成長, 作成, 合成, 完成 功:成功, 功臣, 年功, 功力 者:記者, 富者, 步行者, 老弱者	인물	에디슨	
					창작동화	소가 골라준 새 신랑 3	
					고사성어	管鮑之交	
					기사문	日 간사이서 5색 체험관광	
	4	49a~64a	복습	복습	인물	퀴리부인	
					창작동화	소가 골라준 새 신랑 4	
					고사성어	刻舟求劍	
					기사문	재교육기관 노크 해보자	
2집	5	65a~80a	時間空氣集	時:日時, 時代, 同時, 時計 間:人間, 山間, 時間, 中間 空:空中, 空間, 空册, 空想 氣:空氣, 香氣, 日氣, 大氣 集:文集, 集中, 詩集, 集合	인물	장영실	한자 카드 쓰기보따리 형성평가
					창작동화	거짓말 시합 1	
					고사성어	刮目相對	
					기사문	귀성길 차 안에서 게임 한판	
	6	81a~96a	現在協商事	現:表現, 現金, 現地, 出現 在:現在, 所在, 在京, 在來 協:協同, 協力, 協心, 協定 商:商人, 商品, 商去來, 協商 事:人事, 行事, 工事, 記事	인물	록펠러	
					창작동화	거짓말 시합 2	
					고사성어	吳越同舟	
					기사문	폴크스바겐 노·사 대협상	
	7	97a~112a	社會技能部	社:社長, 會社, 社交, 入社 會:大會, 社會, 面會, 立會 技:長技, 技法, 技術, 技能 能:技能, 能力, 可能, 才能 部:部分, 一部分, 外部, 一部	인물	콜럼버스	
					창작동화	말 잘 듣는 효자 1	
					고사성어	羊頭狗肉	
					기사문	국가중대사 국민합의가 필요	
	8	113a~128a	복습	복습	인물	앙리 뒤낭	
					창작동화	말 잘 듣는 효자 2	
					고사성어	完璧	
					기사문	시동 걸면 주행정보 쫙~	
3집	9	129a~144a	問答登場省	問:問安, 問題, 反問 答:問答, 答信, 正答, 回答 登:登山, 登校, 登用 場:市場, 工場, 入場, 場面 省:反省, 自省, 省墓	인물	리스트	한자 카드 쓰기보따리 형성평가
					창작동화	냄새 맡은 값 1	
					고사성어	指鹿爲馬	
					기사문	침체의 잠에 취한 라인강의 기적	
	10	145a~160a	春夏秋冬溫	春:春川, 春香, 立春, 靑春 夏:立夏, 春夏, 夏至 秋:秋夕, 秋風, 春秋 冬:冬至, 立冬, 春夏秋冬 溫:氣溫, 溫室, 溫水	인물	김홍도	
					창작동화	냄새 맡은 값 2	
					고사성어	塞翁之馬	
					기사문	스키장 잘 넘어져야 안 다친다	
	11	161a~176a	貴愛病死敬	貴:貴重, 高貴, 富貴, 貴人 愛:友愛, 愛國, 愛人, 愛犬 病:問病, 白血病, 病室, 病名 死:生死, 死亡者, 不死身, 病死 敬:恭敬, 敬老, 敬老席, 敬語	인물	안중근	
					창작동화	아버지의 유서 1	
					고사성어	難兄難弟	
					기사문	은행나무 천국 부석사 가는길	
	12	177a~192a	복습	복습	인물	황희	
					창작동화	아버지의 유서 2	
					고사성어	四面楚歌	
					기사문	서울과 워싱턴 마음을 열 때다	
4집	13	193a~208a	物件發電書	物:古物, 文物, 人物 件:物件, 事件, 用件 發:發生, 出發, 發明, 發見 電:電力, 電子, 電車, 電氣 書:文書, 古書, 書名	인물	벤자민 프랭클린	한자 카드 쓰기보따리 형성평가
					창작동화	선행과 쾌락 1	
					고사성어	三顧草廬	
					기사문	대한민국은 배달천국	
	14	209a~224a	高低苦樂朝	高:高音, 高溫, 高貴, 高見 低:低溫, 低下, 低利, 低學年 苦:苦生, 苦心, 苦行 樂:音樂, 安樂, 樂山 朝:王朝, 朝夕, 朝會	인물	루소	
					창작동화	선행과 쾌락 2	
					고사성어	脣亡齒寒	
					기사문	중소기업 그곳에도 길이 있다	
	15	225a~240a	眞理學習賞	眞:眞情, 眞空, 眞心 理:心理, 原理, 眞理, 一理 學:學年, 學生, 入學, 見學 習:學習, 風習, 自習 賞:賞品, 孝行賞, 大賞, 賞金	인물	전봉준	
					창작동화	아가씨와 우유 1	
					고사성어	守株待兎	
					기사문	들리지! 눈 쌓은 숲 생명의 소리	
	16	241a~256a	복습	복습	인물	뢴트겐	
					창작동화	아가씨와 우유 2	
					고사성어	臥薪嘗膽	
					기사문	물건값 계산 … 약도 그리기 …	

학부모 여러분, 〈기탄한자〉는 이렇게 지도해 주세요

1. 학습자의 능력보다 낮은 단계에서 시작하세요.

기탄한자 A~G단계는 기초 한자부터 초등학교 교과서에 쓰인 한자어를 학습하는 프로그램입니다. 한글을 아는 유아에서부터 한자 학습의 경험이 있는 초등학교 6학년 학생을 대상으로 개발되었습니다. 그러나 한자 학습의 경험이 있는 아이라도, 학습자의 경험이나 능력보다 낮은 단계에서 시작하는 것이 바람직합니다. 특히 각 단계의 1집부터 순차적으로 학습해 나가는 것은 매우 중요합니다. 간혹 학부모님의 판단에 따라 단계의 생략은 가능하지만 2, 3집부터 시작하는 것은 옳지 않은 진도 진행입니다. 아이가 학습에 부담을 느끼지 않고 한자 공부는 쉽고 재미있다는 느낌을 가질 수 있도록 A단계 1집에서부터 시작하는 것이 가장 이상적인 출발점입니다.

2. 복습호는 반드시 부모님이 함께 해 주세요.

각 집(권)마다 앞서 배운 한자의 복습호가 구성되어 있습니다. 복습호에서는 항상 형성평가를 실시하여 학습 수용도를 점검합니다. 이 때 부모님이 반드시 채점을 해 주시고, 결과에 따라 적절한 칭찬과 동기유발이 필요합니다. 또 복습주마다 구성된 놀잇감(A~D단계)으로 아이와 함께 놀아 주세요.

3. 교재 구입 즉시 분책하여 사용하세요.

〈기탄한자〉는 구입 즉시 분책하여 사용할 수 있도록 매주 학습할 분량이 별도의 책으로 특수제본(4in1시스템)되어 있습니다. 보통 책은 1번 제본하는 것으로 끝나지만 〈기탄한자〉는 무려 5번의 제본 과정을 거쳐 제작되었습니다. 각 호가 끝날 때마다 새 책으로 공부하게 되므로 아이에게 성취감과 기대감을 갖게 하고 학습 효과도 극대화시켜 줍니다.

4. 매일 일정한 시간에 규칙적으로 학습하게 하세요.

하루 5~10분을 학습하더라도 규칙적으로 학습하는 것이 중요합니다. 1호 분량이 1주일(5일) 학습 분량이므로 한 번에 억지로 하지 않게 하고, 반대로 너무 많은 양을 한꺼번에 하는 것도 좋지 않습니다. 어렸을 때부터 조금씩 매일 매일 공부하는 습관을 길러 주도록 합니다.

5. 부모님이 직접 지도해 주세요.

〈기탄한자〉는 교사 방문 학습지와는 달리 아이 스스로 공부하고 부모님이 체크하는 자율적인 학습 모델을 채택하고 있습니다. 따라서 타 학습지 회사에서는 지도교사에게만 제공하는 지도 지침을 해당 호에 상세히 실었습니다. 각 호의 첫 장에 실린 '이렇게 도와주세요', '이번 주 학습포인트'에서는 한 주 동안의 지도 요점이 기재되어 있고, 각 페이지의 하단에도 지도 요점, 주의 사항 등을 기재하였습니다. 학부모님들이 〈기탄한자〉의 기획의도, 학습목표, 지도방법 등을 쉽게 이해하고 아이들에게 가르치기 편하도록 최대한 배려하였습니다.

6. 이미 익힌 한자는 아이가 실생활 속에서 활용하게 하세요.

아이가 이미 익힌 한자는 실생활 속에서 최대한 많은 사용 기회를 갖게 해 줍니다. 알았던 한자도 오랫동안 사용하지 않으면 잊혀지게 됩니다. 학습된 한자를 신문, 책, 대중매체, 인쇄물 등을 활용하여 확인하게 하고 글을 쓸 때 알고 있는 한자로 표현해 볼 기회를 자주 갖도록 합니다.

단계별 학습 한자와 한자능력검정시험 급수 배정 안내

단계	학습 한자	급수 응시 가이드
A단계	• 8급 : 山, 日, 月, 火, 水, 木, 金, 土, 一, 二, 三, 四, 五, 六, 七, 八, 九, 十, 人, 大, 小, 中 • 7급 : 川, 百, 千, 口, 手, 足, 力, 上, 下 • 6급 · 6급Ⅱ : 目, 石 • 5급 : 耳 • 4급Ⅱ : 田, 玉	A단계에서는 상형자, 지사자 중심의 기초한자 36자를 익혔습니다. 이는 한자능력검정시험 배정한자 중 8급, 7급 배정한자 31자와 상위급수 한자 5자가 포함됩니다. 학습자의 학년, 나이, 학습수용도에 따라 8급, 7급 이내에서 응시용 수험서(기탄급수한자 빨리따기)로 준비한 후 자격증 취득에 도전해 보세요.
B단계	• 8급 : 父, 母, 生, 門, 王, 白, 女 • 7급 : 子, 心, 車, 自, 工, 主, 里, 草, 花, 男, 夕, 面 • 6급 · 6급Ⅱ : 身, 風 • 5급 : 牛, 士, 己, 魚, 雨, 馬 • 4급Ⅱ : 羊, 鳥, 竹, 齒 • 4급 : 犬, 册, 舌 • 3급Ⅱ : 刀 • 3급 : 貝	B단계에서는 상형자, 지사자 중심의 기초한자 36자를 익혔습니다. 이는 A단계 학습 한자부터 누적하면 한자능력검정시험 배정한자 중 8급, 7급 배정한자 50자와 상위급수 한자 22자가 포함됩니다. 학습자의 학년, 나이, 학습수용도에 따라 8급, 7급 이내에서 응시용 수험서(기탄급수한자 빨리따기)로 준비한 후 자격증 취득에 도전해 보세요.
C단계	• 8급 : 兄, 弟, 外 • 7급 : 文, 少, 出, 入, 內, 來, 立, 天, 地, 江, 食, 方, 左, 右 • 6급 · 6급Ⅱ : 言, 才, 交, 多, 光, 明, 行, 角, 古, 今, 衣, 向, 本, 分, 合 • 5급 : 化, 友, 去, 河, 臣, 兵, 卒, 末 • 4급Ⅱ : 血, 肉, 步, 毛, 蟲 • 4급 : 君 • 3급Ⅱ : 坐, 皮	C단계에서는 형성자, 회의자를 중심으로 48자의 기초한자를 익혔습니다. 이는 A단계 학습 한자부터 누적하면 한자능력검정시험 배정한자 중 7급 배정한자 67자, 6급 · 6급Ⅱ 배정한자 86자와 상위급수 한자 34자를 익혔습니다. 학습자의 학년, 나이, 학습수용도에 따라 7급, 6급 · 6급Ⅱ 이내에서 응시용 수험서(기탄급수한자 빨리따기)로 준비한 후 자격증 취득에 도전해 보세요.
D단계	• 8급 : 靑, 長, 國, 東, 西, 南, 北 • 7급 : 色, 住, 所, 姓, 名, 有, 平, 老, 正, 直, 孝, 前, 後, 道, 全, 世, 家 • 6급 · 6급Ⅱ : 音, 利, 用, 公, 意, 弱, 短, 界, 聞, 童 • 5급 : 赤, 無, 思, 止, 法, 完, 善, 惡, 見, 兒 • 4급Ⅱ : 貧, 富, 忠, 走	D단계에서는 형성자, 회의자를 중심으로 48자의 기초한자를 익혔습니다. 이는 A단계 학습 한자부터 누적하면 한자능력검정시험 배정한자 중 7급 배정한자 91자, 6급 · 6급Ⅱ 배정한자 120자와 상위급수 한자 48자를 익혔습니다. 학습자의 학년, 나이, 학습수용도에 따라 7급, 6급 · 6급Ⅱ 이내에서 응시용 수험서(기탄급수한자 빨리따기)로 준비한 후 자격증 취득에 도전해 보세요.
E단계	• 8급 : 寸, 民, 先, 年, 軍 • 7급 : 市, 同, 不, 字, 命, 祖 • 6급 · 6급Ⅱ : 京, 各, 由, 失, 反, 共, 幸, 表, 形, 和, 別, 章 • 5급 : 品, 具, 曲, 可, 原, 因, 告, 首, 元, 必, 知, 加, 相, 再 • 4급Ⅱ : 求, 回, 非, 未, 味, 香, 星, 單 • 4급 : 巨, 居, 異	E단계에서는 형성자, 회의자를 중심으로 48자의 필수한자를 익혔습니다. 이는 A단계 학습 한자부터 누적하면 한자능력검정시험 배정한자 중 7급 배정한자 102자, 6급 · 6급Ⅱ 배정한자 143자와 상위급수 한자 73자를 익혔습니다. 학습자의 학년, 나이, 학습수용도에 따라 6급 · 6급Ⅱ, 5급 이내에서 응시용 수험서(기탄급수한자 빨리따기)로 준비한 후 자격증 취득에 도전해 보세요.
F단계	• 8급 : 室, 校 • 7급 : 休, 安, 海, 林, 村, 洞, 便, 記, 語 • 6급 · 6급Ⅱ : 信, 洋, 定, 注, 作, 使, 代, 感, 計, 始, 雪 • 5급 : 仙, 宅, 漁, 洗, 他, 位, 客, 材, 決, 流, 念, 情, 性, 雲 • 4급Ⅱ : 官, 容, 俗, 保, 守, 志, 想, 詩, 進, 造, 好 • 4급 : 仁	F단계에서는 형성자, 회의자를 중심으로 48자의 필수한자를 익혔습니다. 이는 A단계 학습 한자부터 누적하면 한자능력검정시험 배정한자 중 7급 배정한자 113자, 6급 · 6급Ⅱ 배정한자 165자와 상위급수 한자 99자를 익혔습니다. 학습자의 학년, 나이, 학습수용도에 따라 6급 · 6급Ⅱ, 5급 이내에서 응시용 수험서(기탄급수한자 빨리따기)로 준비한 후 자격증 취득에 도전해 보세요.
G단계	• 8급 : 學 • 7급 : 夫, 重, 活, 動, 時, 間, 空, 氣, 事, 問, 答, 登, 場, 春, 夏, 秋, 冬, 物, 電 • 6급 · 6급Ⅱ : 果, 美, 夜, 成, 功, 者, 集, 現, 在, 社, 會, 部, 省, 溫, 愛, 病, 死, 發, 書, 高, 苦, 樂, 朝, 理, 習 • 5급 : 實, 要, 景, 商, 技, 能, 貴, 敬, 件, 賞 • 4급Ⅱ : 婦, 得, 協, 低, 眞	G단계에서는 형성자, 회의자를 중심으로 60자의 필수한자를 익혔습니다. 이는 A단계 학습 한자부터 누적하면 한자능력검정시험 배정한자 중 7급 배정한자 133자, 6급 · 6급Ⅱ 배정한자 210자와 상위급수 한자 114자를 익혔습니다. 학습자의 학년, 나이, 학습수용도에 따라 6급 · 6급Ⅱ, 5급 이내에서 응시용 수험서(기탄급수한자 빨리따기)로 준비한 후 자격증 취득에 도전해 보세요.

※ 이 표는 기탄한자 학습 후 한자능력검정시험 자격증 취득의 연계를 위한 지침입니다. 학습자의 학습경험이나 상태에 따라 개별적인 지침이 달라질 수 있습니다.

D4집
145a-156a

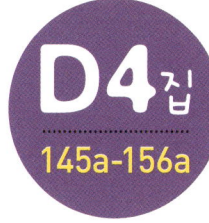

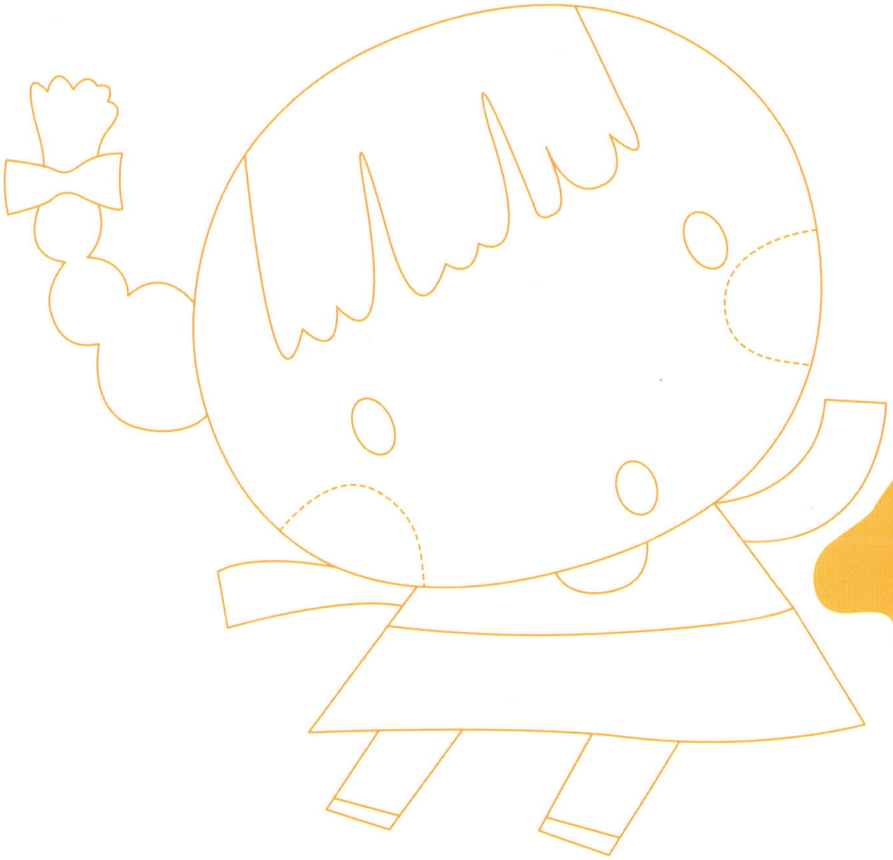

13호

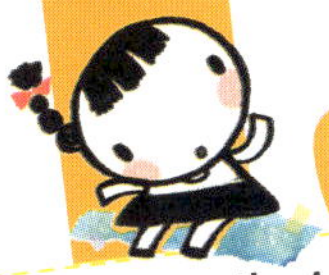

기탄한자 D단계 4집 145a~156a

4 in 1 시스템

기탄한자는 학습효과를 극대화하기 위해 매주 학습할 분량이 별도의 책으로 특수제본되어 있습니다.

본 교재는 1권의 책 속에 1주일 학습할 분량의 교재 4권이 들어 있는 4 in 1 시스템으로 제본되어 있습니다. 따라서 4권의 책으로 분리되는 것이 정상적인 제본이며, 호별로 빼내어 학습하시면 아주 효과적입니다.

그림으로 익히고 놀이로 기억하는 입체 한자 학습 프로그램

기탄®한자

D4집
13호
145a-156a

공부한 날 월 일 ~ 월 일
(원)교   반
이름   전화
www.gitan.co.kr

기탄교육

 ## D단계에서 배울 한자입니다.

	D단계						
1집	靑, 赤, 音, 色	2집	公, 平, 意, 思	3집	前, 後, 走, 止	4집	世, 界, 國, 家
	住, 所, 姓, 名		老, 弱, 貧, 富		法, 道, 完, 全		東, 西, 見, 聞
	利, 用, 有, 無		正, 直, 忠, 孝		善, 惡, 長, 短		南, 北, 兒, 童
	복습		복습		복습		복습

※ 매주마다 학습한 한자를 누적하여 읽어 보세요.

학습진단 관리표

	훈음 읽기	훈음 쓰기	한자 쓰기	한자어 읽기		이번 주는?	
금주평가	Ⓐ 아주 잘함	Ⓐ 아주 잘함	Ⓐ 아주 잘함	Ⓐ 아주 잘함	● 학습방법	❶ 매일매일 ❷ 가끔	❸ 한꺼번에 하였습니다.
	Ⓑ 잘함	Ⓑ 잘함	Ⓑ 잘함	Ⓑ 잘함	● 학습태도	❶ 스스로 잘	❷ 시켜서 억지로 하였습니다.
	Ⓒ 보통	Ⓒ 보통	Ⓒ 보통	Ⓒ 보통	● 학습흥미	❶ 재미있게	❷ 싫증내며 하였습니다.
	Ⓓ 노력해야 함	Ⓓ 노력해야 함	Ⓓ 노력해야 함	Ⓓ 노력해야 함	● 교재내용	❶ 적합하다고 ❷ 어렵다고	❸ 쉽다고 하였습니다.

지도 교사가 부모님께   부모님이 지도 교사께

종합평가	Ⓐ 아주 잘함	Ⓑ 잘함	Ⓒ 보통	Ⓓ 노력해야 함

이번 주에는 世(세상 세), 界(지경 계), 國(나라 국), 家(집 가)를 배워요.

 145a~146b
- 지난 호에서 학습한 善, 惡, 長, 短을 복습합니다.
- 동화를 읽고 世, 界, 國, 家의 뜻, 소리를 알아봅니다.
- 한자 카드나 받아쓰기로 앞서 배운 한자를 복습합니다.

 147a~148b
- 世, 界의 뜻, 소리, 자원, 필순, 한자어를 학습합니다.
- 世의 총획과 필순에 유의하고 界의 자원을 이해하도록 도와 줍니다.
- 界는 田(밭 전)과 介(끼일 개)로 나누어 (破字) 기억합니다.

 149a~150b
- 國, 家의 뜻, 소리, 자원, 필순, 한자어를 학습합니다.
- 國의 부수는 口(입 구)가 아닌 囗(큰 입 구, 또는 에울 위)임을 설명해 줍니다.

 151a~153b
- 이번 주 학습한 한자의 뜻과 소리와 모양을 반복적으로 익힙니다.
- 해당 한자로 이루어진 한자어와 동화를 통해 어휘력을 높일 수 있게 합니다.

 154a~156a
- 이번 주 학습한 한자를 풀어보기를 통해 실력을 쌓고 모르는 한자가 있으면 다시 한번 복습합니다.
- 한자 보따리를 아이와 같이 읽고 이해를 도와 줍니다.

다시 보기

한자를 따라 쓰고 빈 칸에 뜻과 소리를 쓰세요.

惡
뜻:　　　소리:

善
뜻: 착할　소리: 선

短
뜻:　　　소리:

長
뜻:　　　소리:

빈 칸에 알맞은 한자를 쓰세요.

들어가기

동화를 읽고 같은 모양의 한자를 찾아 스티커를 붙이세요.

바보 온달과 평강 공주

옛날에 울기를 잘 하는 평강 공주가 있었어요.
임금님은 공주를 놀려 주려고 **나라(國)** 안의 소문난 바보 온달에게
시집 보내겠다고 하였어요.
평강 공주가 자라 시집 갈 나이가 되었어요.
임금님은 고씨 집에 시집 보내려 하였지만, 평강 공주는
"임금님은 허튼 소리를 할 수 없습니다. 저는 아바마마의 말씀대로
온달의 **집(家)**으로 시집가겠습니다."

國   家

그래서 평강 공주는 궁에서 나와 온달과 결혼을 하였어요.
평강 공주는 패물을 팔아 집과 밭의 **경계(界)**를 넓혀 나가고
바보 온달을 영리하고 늠름하게 바꿔 놓았어요.
온달은 마침내 3月 3日에 왕과 신하들이 모두 모이는 사냥 대회에서
뛰어난 실력으로 임금님께 인정을 받았어요.
그래서 온달의 이름은 온 **세상(世)**에 널리 알려지고 훌륭한 장군이 되어
임금님을 돕는 사위가 되었답니다.

• 도입쪽이므로 한자의 뜻과 소리와 모양을 소개하는 정도로 학습합니다.

世 알아보기

🔊 빈 곳에 알맞은 스티커를 붙이고 한자의 뜻과 소리를 읽어 보세요.

뜻 : 세상/인간   소리 : 세

📖 世가 만들어진 유래를 알아보고 한자 스티커를 붙이세요.

몇 개의 잎이 이어져 있는 나뭇잎 모습을 본떠 만든 한자로, 세상, 세대 등을 뜻하게 되었습니다.

✏️ 순서대로 써 보세요.

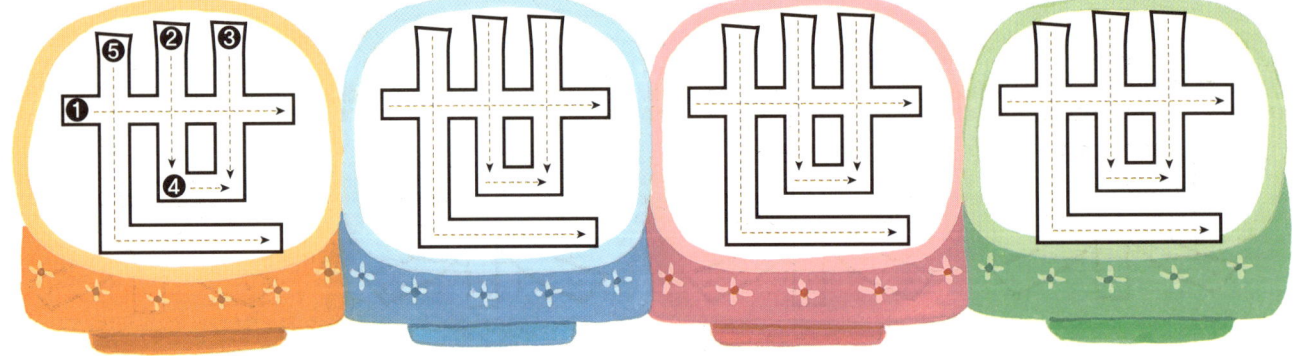

• 世의 자원은 十(열 십)을 3개 그려 30년을 나타내는 것으로 '세상, 세대'를 뜻하는 것으로 보는 견해도 있습니다.

📝 世의 뜻, 소리, 모양을 쓰세요.

- 世는 _____ 을 뜻하고, _____ 라고 읽습니다.
- 세상 세는 _____ 라고 씁니다.
- _____ 는 _____ 을 뜻하고, _____ 라고 읽습니다.

📝 빈 칸에 世를 쓰고, 世가 쓰인 한자어를 익혀 보세요.

| 世 | 계 : 지구 위의 모든 지역, 온 나라

출 | 世 | : 사회적으로 높이 되거나 유명해짐

📝 필순에 맞게 世를 써 보세요.

一부수 – 총 5획   一十廿世世

世
세상/인간 세

• 世의 필순에 유의하여 익히도록 합니다.

界 알아보기

🔊 빈 곳에 알맞은 스티커를 붙이고 한자의 뜻과 소리를 읽어 보세요.

뜻 : **지경**   소리 : **계**

📋 界가 만들어진 유래를 알아보고 한자 스티커를 붙이세요.

田(밭 전)과 介(끼일 개)를 합하여 만들어진 한자로 밭과 밭의 경계, 혹은 지역을 뜻합니다.

✏️ 순서대로 써 보세요.

• 介(끼일 개)는 '끼이다, 딱지 또는 단단한 껍질'을 뜻하는 한자입니다.

- 界의 뜻, 소리, 모양을 쓰세요.

  - 界는 _____ 을 뜻하고, _____ 라고 읽습니다.
  - 지경 계는 _____ 라고 씁니다.
  - _____ 는 _____ 을 뜻하고, _____ 라고 읽습니다.

- 빈 칸에 界를 쓰고, 界가 쓰인 한자어를 익혀 보세요.

외 [　] : 지구 밖의 세계

정 [　] : 정치에 관계되는 분야

- 필순에 맞게 界를 써 보세요.

田부수 - 총 9획

丨 冂 曰 田 田 尹 尹 界 界

界
지경 계

- 界의 필순은 丨 冂 冖 田 田 尹 尹 界 界 의 순으로 쓰기도 합니다.

國 알아보기

🔊 빈 곳에 알맞은 스티커를 붙이고 한자의 뜻과 소리를 읽어 보세요.

뜻 : 나라   소리 : 국

📄 國이 만들어진 유래를 알아보고 한자 스티커를 붙이세요.

무기(戈)를 가지고 마을(口)을 지켰던 모습을 본떠 만든 한자로 나라를 뜻합니다.

✏️ 순서대로 써 보세요.

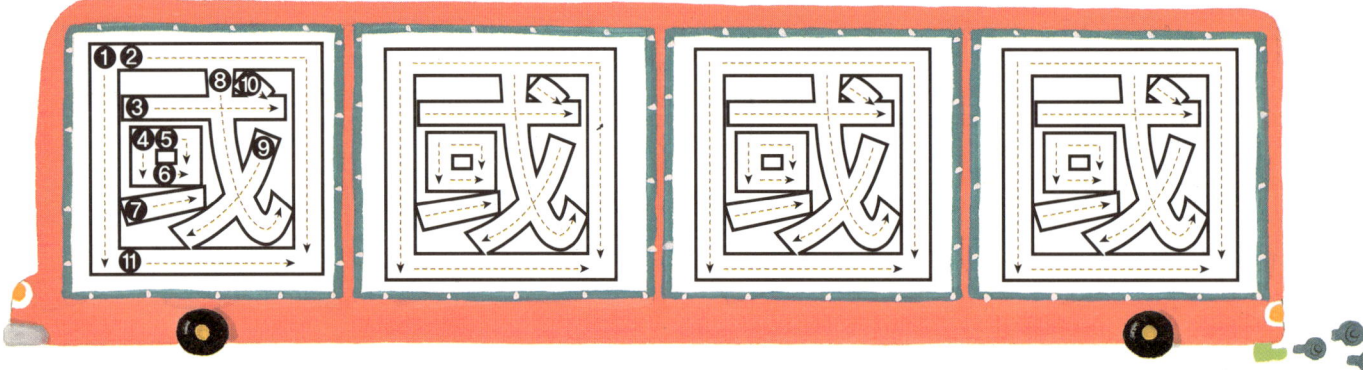

• 戈(창 과)는 전쟁시 사용되던 창의 모습을 나타낸 한자입니다.

📝 國의 뜻, 소리, 모양을 쓰세요.

- 國은 _____를 뜻하고, _____이라고 읽습니다.

- 나라 국은 _____이라고 씁니다.

- _____ 은 _____를 뜻하고, _____이라고 읽습니다.

📝 빈 칸에 國을 쓰고, 國이 쓰인 한자어를 익혀 보세요.

☐ 왕 : 나라의 임금

☐ 어 : 자기 나라의 말, 우리나라의 언어

📝 필순에 맞게 國을 써 보세요.

□부수 - 총 11획

丨 冂 冂 冂 冋 冋 冋 國 國 國 國

國
나라 국

- 國의 부수는 □(큰 입 구, 또는 에울 위)로 口(작은 입 구)와 구분하도록 합니다.

家 알아보기

🔊 빈 곳에 알맞은 스티커를 붙이고 한자의 뜻과 소리를 읽어 보세요.

뜻: 집 소리: 가

📖 家가 만들어진 유래를 알아보고 한자 스티커를 붙이세요.

옛날에 일반 백성들이 집(宀)에서 돼지(豕)를 길렀던 것을 본뜬 한자로 집을 뜻합니다.

✏️ 순서대로 써 보세요.

• 宀(갓머리, 집 면)이 쓰인 한자는 집과 관련있는 한자입니다. 예: 安(편안할 안), 宅(집 택/댁), 宇(집 우)

🖊 家의 뜻, 소리, 모양을 쓰세요.

- 家는 _____ 을 뜻하고, _____ 라고 읽습니다.

- 집 가는 _____ 라고 씁니다.

- _____ 는 _____ 을 뜻하고, _____ 라고 읽습니다.

🖊 빈 칸에 家를 쓰고, 家가 쓰인 한자어를 익혀 보세요.

[　] 족 : 혈연과 혼인으로 맺어진 한집안 식구

작 [　] : 문학이나 예술의 창작 활동을 전문으로 하는 사람

🖊 필순에 맞게 家를 써 보세요.

宀부수 – 총 10획

丶 宀 宀 宁 宇 宇 家 家 家

家
집 가

- 家는 '집' 이외에 '작가, 화가' 등 전문인을 뜻하기도 합니다.

다지기

알맞은 뜻과 소리를 찾아 ◯하세요.

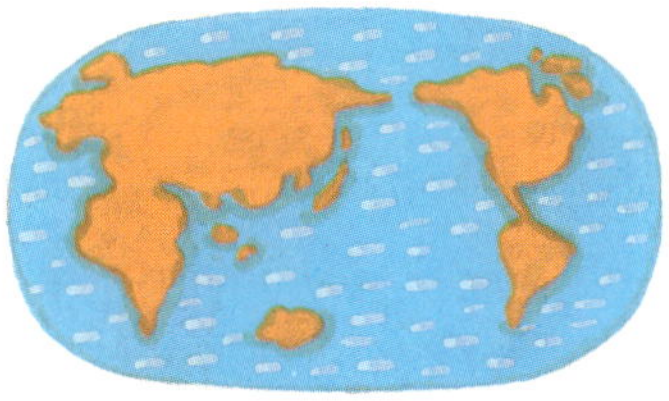

世	세상/인간 · 지경 · 나라	국 · 계 · 세
界	나라 · 세상/인간 · 지경	국 · 계 · 세
國	집 · 지경 · 나라	국 · 가 · 계
家	집 · 나라 · 지경	계 · 국 · 가

빈 곳에 스티커를 붙여 그림을 완성하고 알맞게 연결하세요.

• '마을 리', '남자 남' 등도 한자로 써 봅니다. 마을 리→里, 남자 남→男

자원을 보고 빈 칸에 알맞게 쓰세요.

한자를 필순에 맞게 쓰세요.

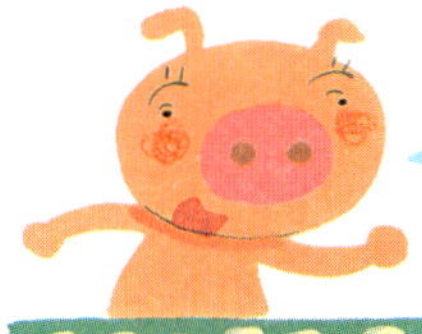

집 가

家	家	家

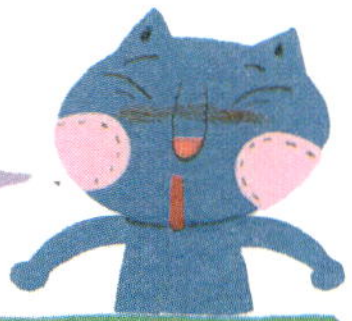

지경 계

界	界	界

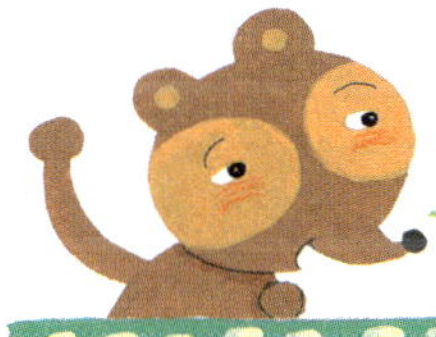

나라 국

國	國	國

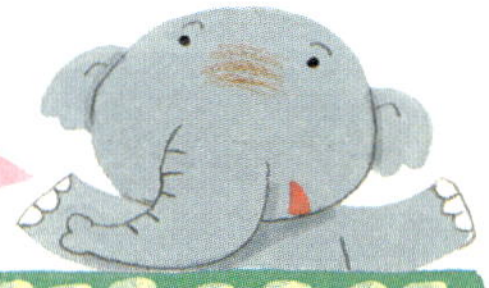

세상/인간 세

世	世	世

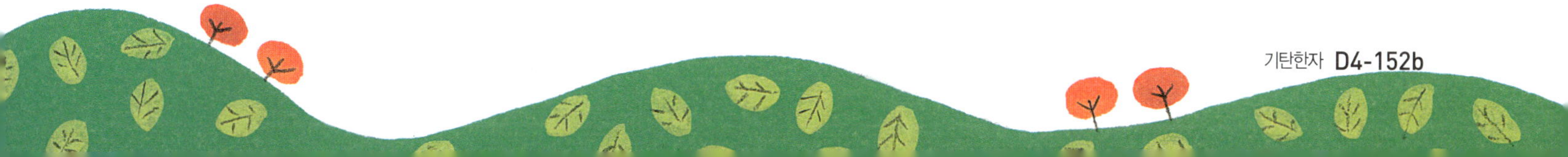

〈보기〉에서 알맞은 한자어를 찾아 쓰세요.

내世 : 죽은 뒤에 영혼이 다시 태어나 산다는 미래의 세상

_____ : 약 30년을 한 구분으로 하는 연령층

_____ : 지역이 갈라지는 한계

학界 : 학문의 세계, 학자들의 사회

_____ : (제 나라가 아닌) 다른 나라, 외국

: 선대부터 그 집안의 도덕적 실천 기준으로 삼은 가르침

〈보기〉 내世   世대   경界   학界   타國   家훈

● 한자어를 쓸 때 배운 한자는 한자로 써 보면 효과적입니다. (예: 내세 → 來世)

동화를 읽고 〈보기〉에서 알맞은 한자를 찾아 쓰세요.

허풍쟁이 선수

어느 나라 [國] 에 거짓말을 잘하는 허풍쟁이 운동 선수가 있었어요.

어느 날, 허풍쟁이 선수는 시합을 하러 먼 나라에 갔어요.

집 [家] 에 돌아온 허풍쟁이 선수는 마을 사람들에게 자랑을 늘어놓았어요.

"내가 이번에 어떤 나라를 갔었는데, 아무리 세계 [世] [界] 적인 선수라 해도

나를 이기는 사람은 없었어요.

나는 달리기를 하면 바람 風 처럼 빠르게 달렸고 [走] ,

넓이뛰기 에서는 등에 날개가 달린 것처럼 멀리까지 훌쩍 뛰었어요.

내 말이 거짓말 같으면, 그 나라 사람들에게 물어 봐요."

이 때, 이야기를 듣고 있던 마을 사람이 말했어요.

"여보게, 우린 그렇게 먼 곳에 갈 수 없다네. 그러니 지금 당장 여기에서 해 보면

참말인지 거짓말인지 알게 아닌가?"

허풍쟁이 선수는 얼굴 [面] 이 새빨개져서 슬금슬금 달아나고 말았어요.

〈보기〉 國 家 面 界 風 走 世

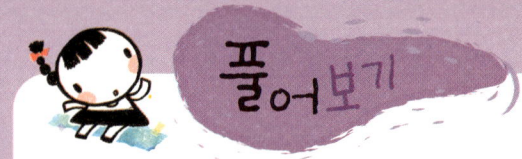

● 한자의 뜻과 소리를 쓰세요.

世 뜻: ____ 소리: ____

家 뜻: ____ 소리: ____

國 뜻: ____ 소리: ____

界 뜻: ____ 소리: ____

● 바르게 연결하세요.

 · · 世

 · · 家

 · · 國

 · · 界

- 빈 칸에 알맞은 한자를 쓰세요.

  * 우리 ☐가 ☐족 은 언제나 웃음이 넘쳐납니다.

  * 곤충의 ☐세 ☐계 는 참으로 신기합니다.

  * ☐국 ☐어 를 사랑합시다.

  * 그는 젊은 나이에 ☐정 ☐계 에 진출했다.

- 뜻·소리에 알맞은 한자를 쓰세요.

세상/인간 세				
지경 계				
나라 국				
집 가				

문방사우 4

● 종이 ●

문방사우 중 하나인 종이는 한나라 때 채륜이라는 사람이 발명했다고 합니다.

종이는 중국의 4대 발명품인 화약, 나침반, 인쇄 기술과 함께 인류 문화 발달에 많은 공헌을 했습니다.

채륜은 어렸을 때부터 재주가 많았습니다.

채륜은 환관으로 궁에 들어와 마침내 황제가 사용하는 도구를 만드는 부서의 장이 되었다고 합니다.

그가 만드는 도구는 매우 정교하고 편리하여 많은 사람들이 유용하게 사용했다고 합니다.

당시에 대궐에서는 대나무 조각이나 비단에 글씨를 쓰는 것이 보통이었으나,

대나무 조각은 무겁고, 비단은 비싼 단점이 있었습니다.

이 점을 고민하던 채륜은 나무의 껍질이나 삼 부스러기, 또는 오래된 그물이나 헝겊 등을 원료로 하여 종이를 만들었다고 합니다.

이렇게 하여 비로소 붓, 먹, 벼루, 종이의 문방사우가 갖추어지게 되었습니다.

해답

D4집 145a-156a

145a

145b

147a

147b

148a

148b

149a

149b

150a

기탄한자 D4-155b

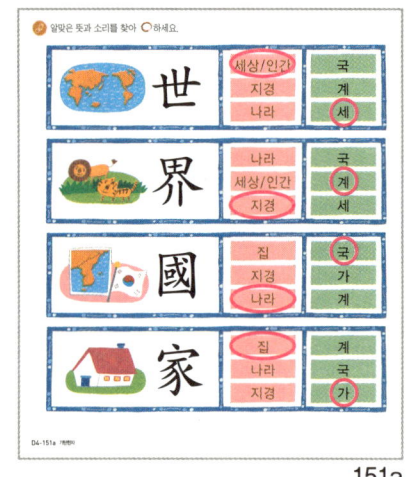

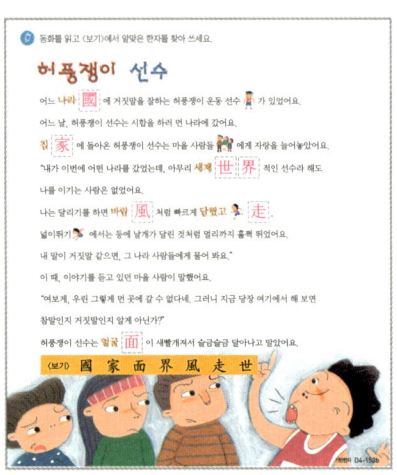

世 界

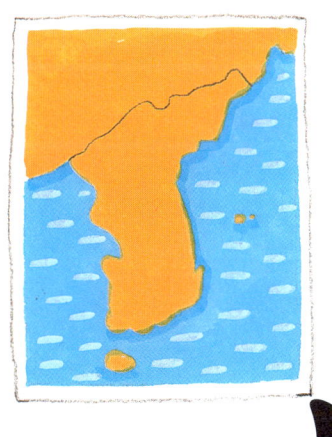

國 家

界 지경 계

世 세상/인간 세

家 집 가

國 나라 국

 재미로 읽기

 집 가 家

펴낸이 : 정지향
펴낸곳 : (주)기탄교육
기획·편집·디자인 : 기탄교육연구소
주소 : 06698 서울특별시 서초구 효령로 40 기탄출판센터
등록 : 제2000-000098호
전화 : (02) 586-1007
팩스 : (02) 586-2337

※서점에 갈 시간이 없거나 구하기 어려운 분은 인터넷 또는 전화로 신청하세요. 즉시 우송해 드립니다.
● www.gitan.co.kr

ⓒ (주)기탄교육 All rights reserved.
저작권자의 동의 없이 본 교재를 무단으로 복제하거나 전재하는 것을 금합니다.

받아쓰기

• 엄마가 뜻·소리를 부르고 아이가 한자를 써 보도록 합니다.

13호에서 배운 한자를 다시 한번 써 보세요.

世
세상/인간 세

界
지경 계

國
나라 국

家
집 가

D4집
157a-168a

14 호

기탄한자 D단계 4집 157a~168a

D단계에서 배울 한자입니다.

	D단계						
1집	青, 赤, 音, 色	2집	公, 平, 意, 思	3집	前, 後, 走, 止	4집	世, 界, 國, 家
	住, 所, 姓, 名		老, 弱, 貧, 富		法, 道, 完, 全		東, 西, 見, 聞
	利, 用, 有, 無		正, 直, 忠, 孝		善, 惡, 長, 短		南, 北, 兒, 童
	복습		복습		복습		복습

※ 매주마다 학습한 한자를 누적하여 읽어 보세요.

학습진단 관리표

	훈음 읽기	훈음 쓰기	한자 쓰기	한자어 읽기	이번 주는?			
금주평가	Ⓐ 아주 잘함	Ⓐ 아주 잘함	Ⓐ 아주 잘함	Ⓐ 아주 잘함	● 학습방법	❶ 매일매일	❷ 가끔	❸ 한꺼번에 하였습니다.
	Ⓑ 잘함	Ⓑ 잘함	Ⓑ 잘함	Ⓑ 잘함	● 학습태도	❶ 스스로 잘	❷ 시켜서 억지로 하였습니다.	
	Ⓒ 보통	Ⓒ 보통	Ⓒ 보통	Ⓒ 보통	● 학습흥미	❶ 재미있게	❷ 싫증내며 하였습니다.	
	Ⓓ 노력해야 함	Ⓓ 노력해야 함	Ⓓ 노력해야 함	Ⓓ 노력해야 함	● 교재내용	❶ 적합하다고	❷ 어렵다고	❸ 쉽다고 하였습니다.

지도 교사가 부모님께

부모님이 지도 교사께

종합평가	Ⓐ 아주 잘함	Ⓑ 잘함	Ⓒ 보통	Ⓓ 노력해야 함

D4집
157a-168a

이번 주에는 東 (동녘 동), 西 (서녘 서), 見 (볼 견), 聞 (들을 문)을 배워요.

이렇게 도와 주세요

1일차 157a~158b
- 지난 호에서 학습한 世, 界, 國, 家를 복습합니다.
- 동화를 읽고 東, 西, 見, 聞의 뜻, 소리를 알아봅니다.
- 한자 카드나 받아쓰기로 앞서 배운 한자를 복습합니다.

2일차 159a~160b
- 東, 西의 뜻, 소리, 자원, 필순, 한자어를 익힙니다.
- 西는 모양이 비슷한 酉(닭 유)와 四(넷 사)를 구별하도록 합니다.

3일차 161a~162b
- 見, 聞의 뜻, 소리, 자원, 필순, 한자어를 익힙니다.
- 聞은 門(문 문)과 耳(귀 이)로 분리하여, 門이 소리가 되고 耳가 뜻이 되었음을 이해하도록 합니다.

4일차 163a~165b
- 164a에서 東은 해가 나무에 걸친 모양, 見은 걷는 사람이 눈으로 앞을 보는 모양, 西는 새가 둥지에 깃든 모양을 다시 한번 확인하게 합니다.

5일차 166a~168a
- 풀어보기를 통해 학습 성취도를 점검합니다.
- 한자 보따리를 아이와 함께 읽고 실생활 속에 한자어가 많이 쓰임을 이해하게 합니다.

다시 보기

한자를 따라 쓰고 빈 칸에 뜻과 소리를 쓰세요.

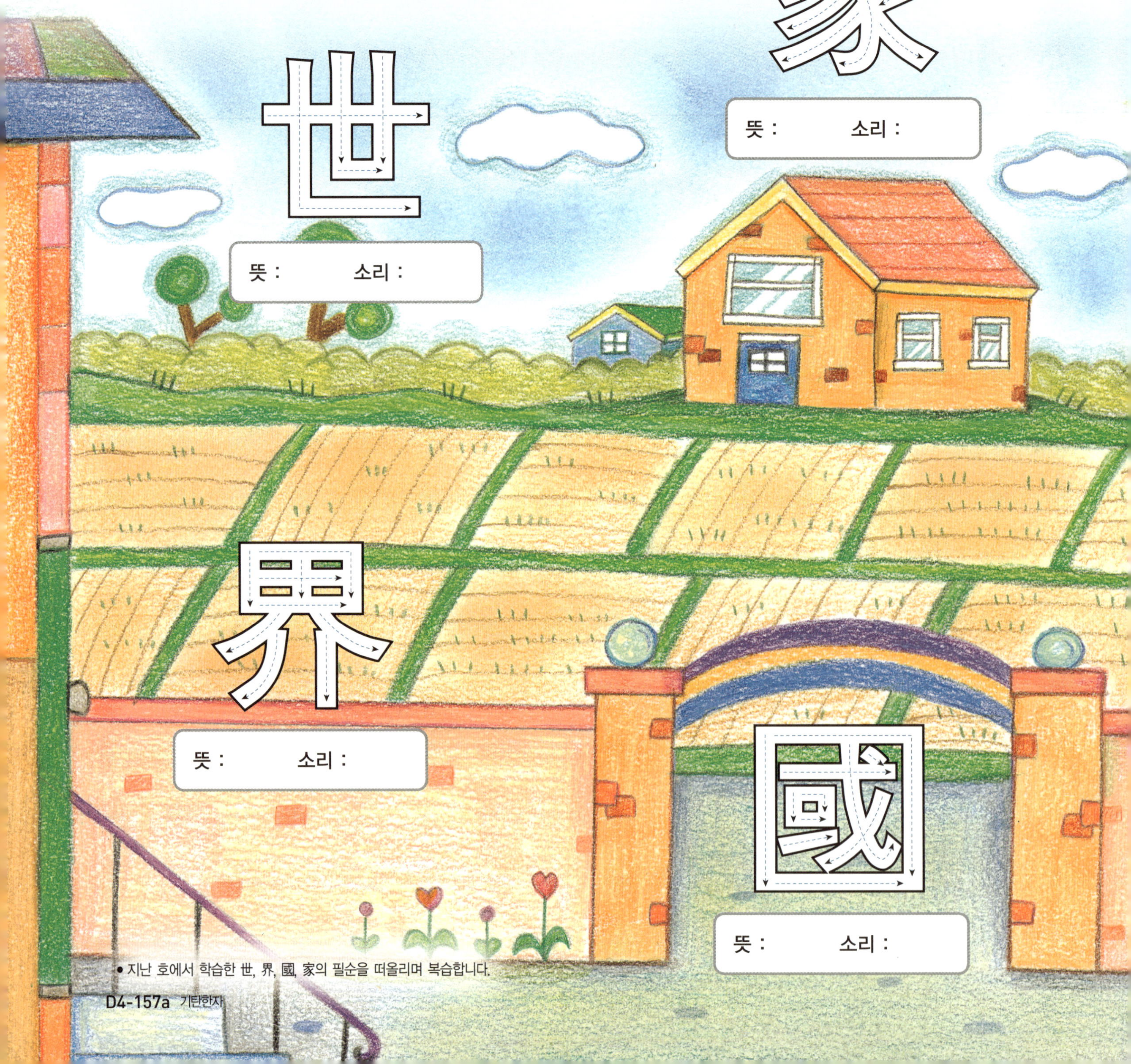

家

뜻 :   소리 :

世

뜻 :   소리 :

界

뜻 :   소리 :

國

뜻 :   소리 :

• 지난 호에서 학습한 世, 界, 國, 家의 필순을 떠올리며 복습합니다.

빈 칸에 알맞은 한자를 쓰세요.

天 界 家 食 世 國

들어가기

📖 동화를 읽고 같은 모양의 한자를 찾아 스티커를 붙이세요.

견우와 직녀

하늘 나라 임금님에게 직녀라는 딸이 있었어요.

직녀는 얼굴은 물론 마음씨도 곱고, 베도 잘 짰어요.

임금님은 사윗감을 고르려고 자기가 사는 별 뿐 아니라

다른 별에도 배필을 구한다는 소문을 퍼뜨렸어요.

그 소식을 듣고(聞) 이웃 별에서 소 치는 견우가 찾아왔어요.

견우는 임금님과 직녀의 마음에 쏙 들었어요.

견우와 직녀는 결혼해서 행복하게 지냈어요.

그런데 둘은 너무 사랑에 빠져 소 치고, 베 짜는 일을 게을리했어요.

• 동화를 읽고 한자의 쓰임을 문장 속에서 접해 봅니다.

이 모습을 지켜 본(見) 임금님은 화가 났어요.

"너희들 꼴도 보기 싫으니 대궐에서 썩 나가거라. 그리고 서로 헤어져 살아라.
견우는 동(東)쪽으로 가고, 직녀는 서(西)쪽으로 가거라.
하지만 1년에 한 번 7월 7일은 만날 수 있게 해 주겠다."
이렇게 해서 견우와 직녀는 은하수를 사이에 두고 서로 그리워하다가
일년에 하루만 만나게 되었어요.
두 사람이 만날 수 있도록 까치와 까마귀들이 날아와 다리를 만들어 주었어요.
그래서 칠월 칠일에는 견우와 직녀가 만나서 흘리는 기쁨의 눈물이 비가 되어 내린다고 해요.

 東 알아보기

🔊 빈 곳에 알맞은 스티커를 붙이고 한자의 뜻과 소리를 읽어 보세요.

뜻: 동녘   소리: 동

📝 東이 만들어진 유래를 알아보고 한자 스티커를 붙이세요.

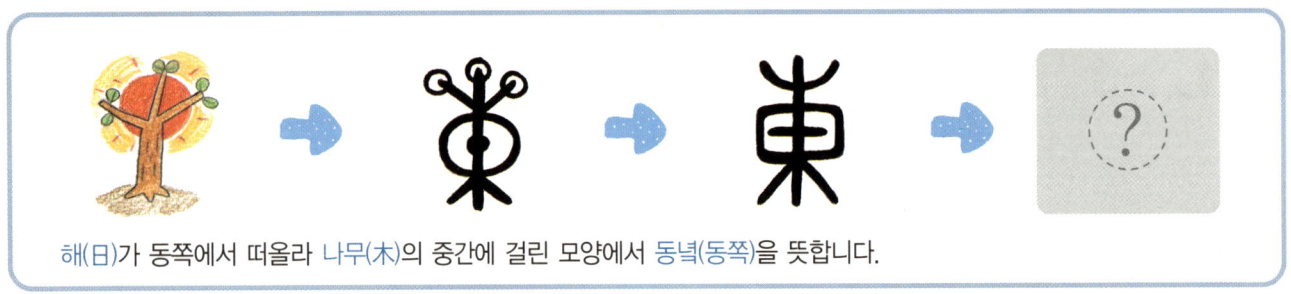

해(日)가 동쪽에서 떠올라 나무(木)의 중간에 걸린 모양에서 동녘(동쪽)을 뜻합니다.

✏️ 순서대로 써 보세요.

• 東은 日(날 일)과 木(나무 목)으로 파자(破字)해서 이해합니다.

📝 東의 뜻, 소리, 모양을 쓰세요.

- 東은 _____ 을 뜻하고, _____ 이라고 읽습니다.

- 동녘 동은 _____ 이라고 씁니다.

- _____ 은 _____ 을 뜻하고, _____ 이라고 읽습니다.

📝 빈 칸에 東을 쓰고, 東이 쓰인 한자어를 익혀 보세요.

☐ 서남북 : 동쪽과 서쪽, 남쪽과 북쪽. 곧 사방.

☐ 해 : 동쪽 바다

📝 필순에 맞게 東을 써 보세요.

木부수 - 총 8획

東
동녘 동

● 東은 학습자의 나이가 어린 경우 '동쪽 동'으로 지도합니다.

西 알아보기

🔊 빈 곳에 알맞은 스티커를 붙이고 한자의 뜻과 소리를 읽어 보세요.

뜻: 서녘   소리: 서

📖 西가 만들어진 유래를 알아보고 한자 스티커를 붙이세요.

새가 둥지에 깃든 모습을 본뜬 한자로, 해가 서쪽으로 넘어갈 때 새는 둥지에 깃들기 때문에 서녘(서쪽)을 뜻하게 되었습니다.

✏️ 순서대로 써 보세요.

● 西와 四(넷 사), 酉(닭 유)의 모양을 구별하도록 합니다.

📝 西의 뜻, 소리, 모양을 쓰세요.

- 西는 _____ 을 뜻하고, _____ 라고 읽습니다.

- 서녘 서는 _____ 라고 씁니다.

- _____ 는 _____ 을 뜻하고, _____ 라고 읽습니다.

📝 빈 칸에 西를 쓰고, 西가 쓰인 한자어를 익혀 보세요.

☐ 구 : 서부 유럽의 여러 나라

☐ 부 : 어떤 지역의 서쪽 부분

📝 필순에 맞게 西를 써 보세요.

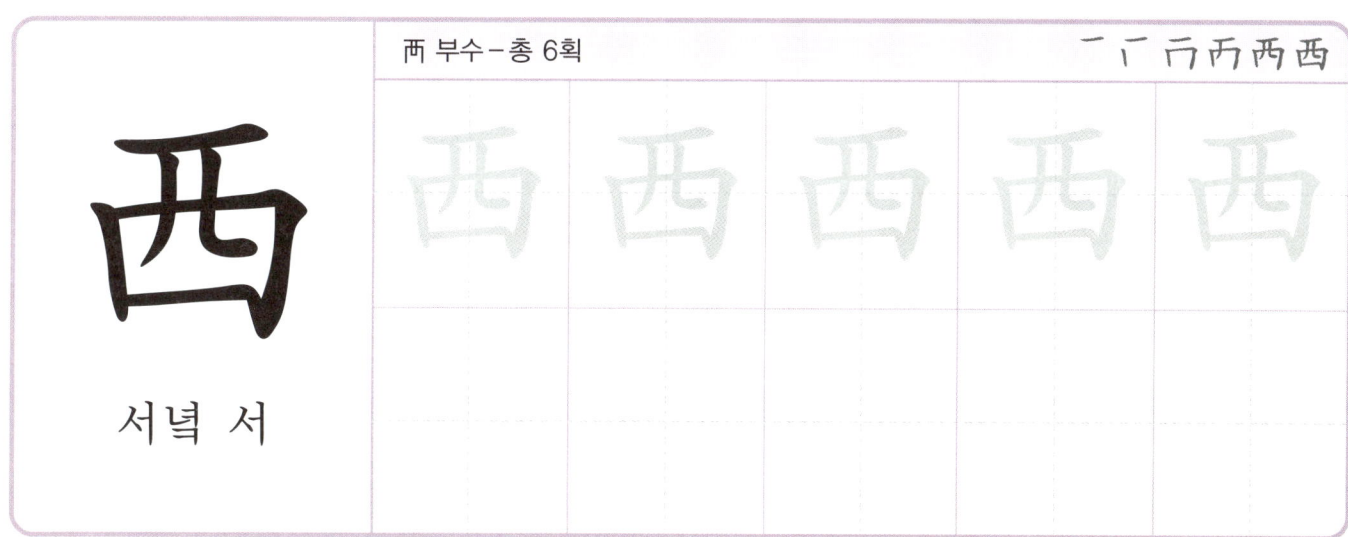

西 부수 - 총 6획

西
서녘 서

• 東과 西는 서로 상대적인 뜻을 지닌 한자입니다.

見 알아보기

🔊 빈 곳에 알맞은 스티커를 붙이고 한자의 뜻과 소리를 읽어 보세요.

뜻 : 볼/뵈올   소리 : 견/현

📖 見이 만들어진 유래를 알아보고 한자 스티커를 붙이세요.

사람이 눈을 크게 뜨고 앞을 바라보고 있는 모습에서 보다를 뜻합니다.

✏️ 순서대로 써 보세요.

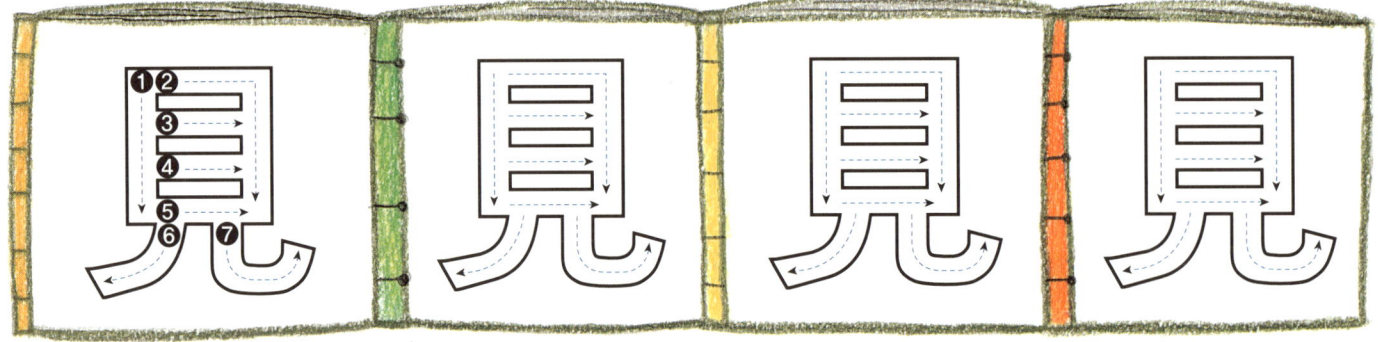

• 見(볼 견)은 貝(조개 패)와 모양이 비슷하니 구별하도록 합니다. 見에 目이 쓰여 '보다'와 관련된 한자가 되었습니다.

- 見의 뜻, 소리, 모양을 쓰세요.

  - 見은 _____을(를) 뜻하고, _____이라고 읽습니다.

  - 볼/뵈올 견/현은 _____이라고 씁니다.

  - _____은 _____을(를) 뜻하고, _____이라고 읽습니다.

- 빈 칸에 見을 쓰고, 見이 쓰인 한자어를 익혀 보세요.

  발 [ ] : 알려지지 않은 것을 맨 먼저 찾아냄

  [ ] 학 : 구체적인 지식을 얻기 위하여 실제로 보고 배움

- 필순에 맞게 見을 써 보세요.

  見부수 - 총 7획   ㅣ 冂 冃 月 目 貝 見

  見
  볼/뵈올 견/현

- 見의 다른 훈음인 '뵈올 현'은 지체 높은 사람을 찾아 뵘을 뜻합니다. (예:謁見-알현) 8세 미만의 경우 굳이 강조하여 설명하지 않습니다.

聞 알아보기

🔊 빈 곳에 알맞은 스티커를 붙이고 한자의 뜻과 소리를 읽어 보세요.

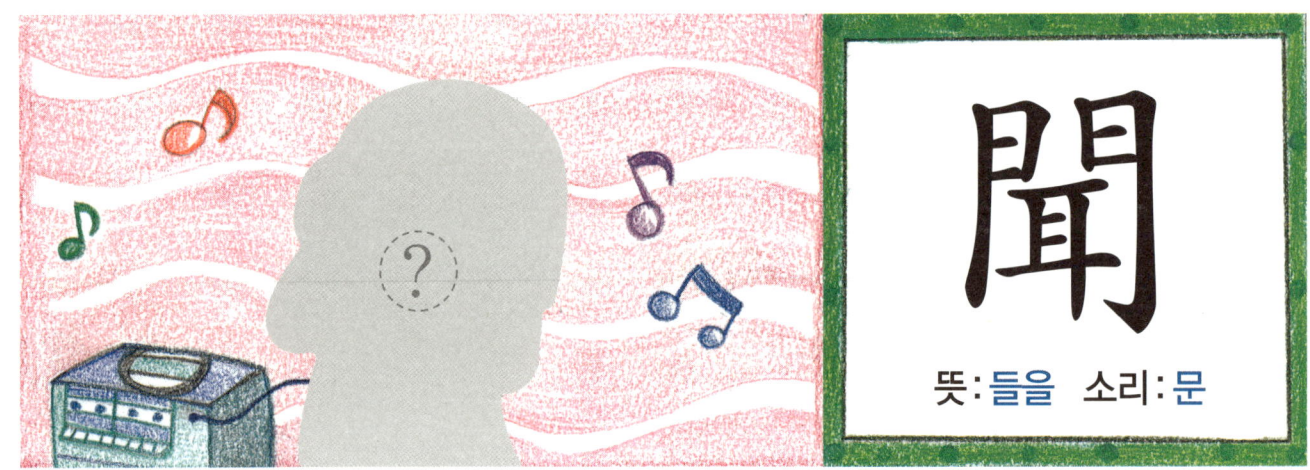

뜻 : 들을   소리 : 문

📖 聞이 만들어진 유래를 알아보고 한자 스티커를 붙이세요.

사람이 꿇어앉아 손으로 입을 막고 귀를 쫑긋 세워 소리를 듣고 있는 모습을 본뜬 한자로 듣다를 뜻하게 되었습니다.

✏️ 순서대로 써 보세요.

• 聞은 耳(귀 이)가 뜻을, 門(문 문)이 소리를 나타내는 형성자입니다.

🖊 聞의 뜻, 소리, 모양을 쓰세요.

- 聞은 _____을(를) 뜻하고, _____이라고 읽습니다.

- 들을 문은 _____이라고 씁니다.

- _____ 은 _____을(를) 뜻하고, _____이라고 읽습니다.

🖊 빈 칸에 聞을 쓰고, 聞이 쓰인 한자어를 익혀 보세요.

신 ☐ : 새로운 소식을 전달하는 정기 간행물

풍 ☐ : 바람처럼 떠도는 소문

🖊 필순에 맞게 聞을 써 보세요.

耳부수 – 총 14획

| 丨 冂 冃 冃 冃 門 門 門 門 閂 閏 閏 聞 聞

聞 들을 문

• 門이 쓰인 비슷한 모양의 한자 구별에 유의합니다. 예 : 問(물을 문), 間(사이 간), 閑(한가할 한)

다지기

알맞은 뜻과 소리를 찾아 ○ 하세요.

東	서녘 / 동녘 / 볼·뵈올	서 / 견·현 / 동
西	들을 / 서녘 / 동녘	동 / 문 / 서
見	들을 / 볼·뵈올 / 서녘	문 / 견·현 / 서
聞	동녘 / 볼·뵈올 / 들을	문 / 동 / 견·현

🖍️ 빈 곳에 스티커를 붙여 그림을 완성하고 알맞게 연결하세요.

• '넷 사'와 '문 문'도 한자로 써 봅니다. 예 : 넷 사→四, 문 문→門

기탄한자 **D4-163b**

자원을 보고 빈 칸에 알맞게 쓰세요.

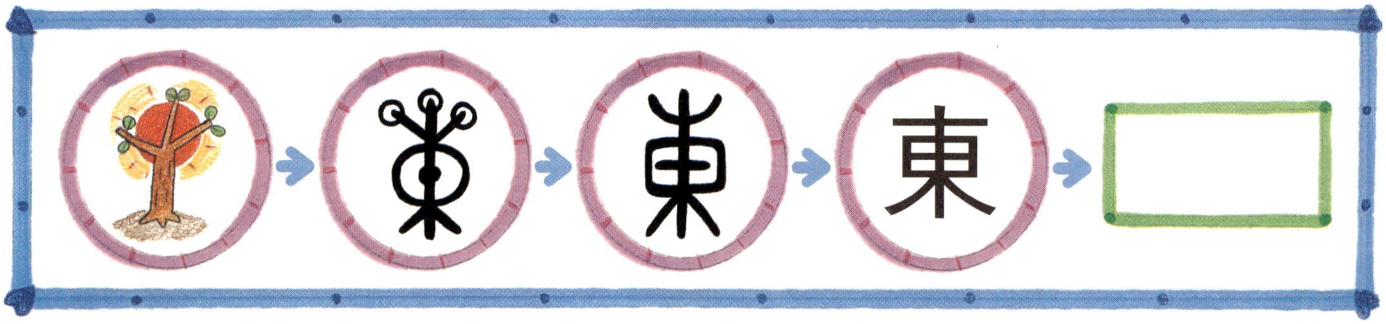

東 → [ ]

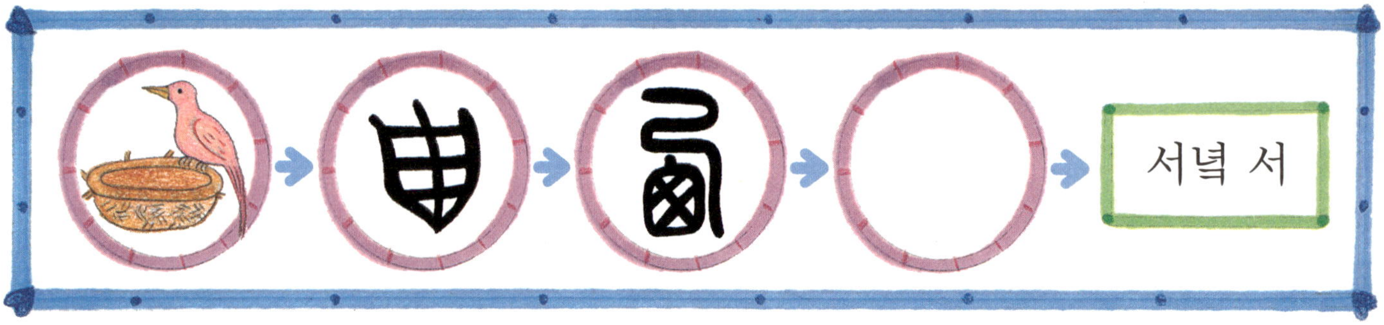

→ 서녘 서

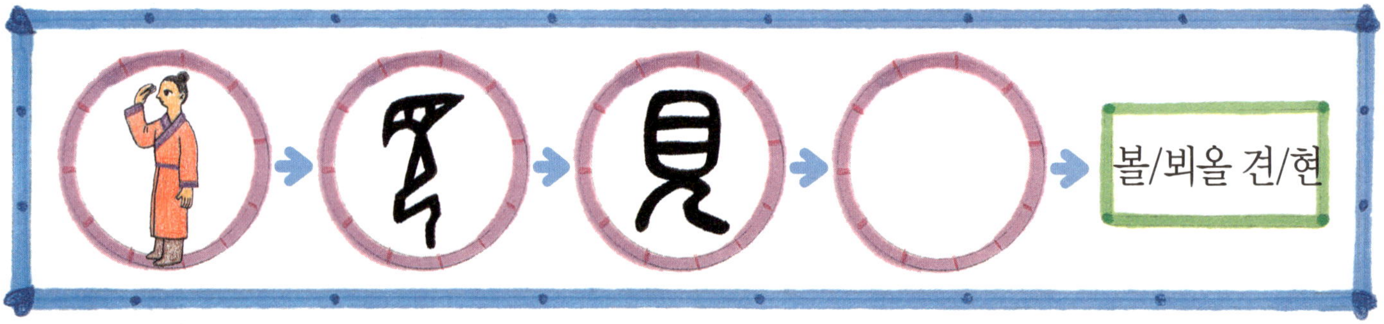

→ 볼/뵈올 견/현

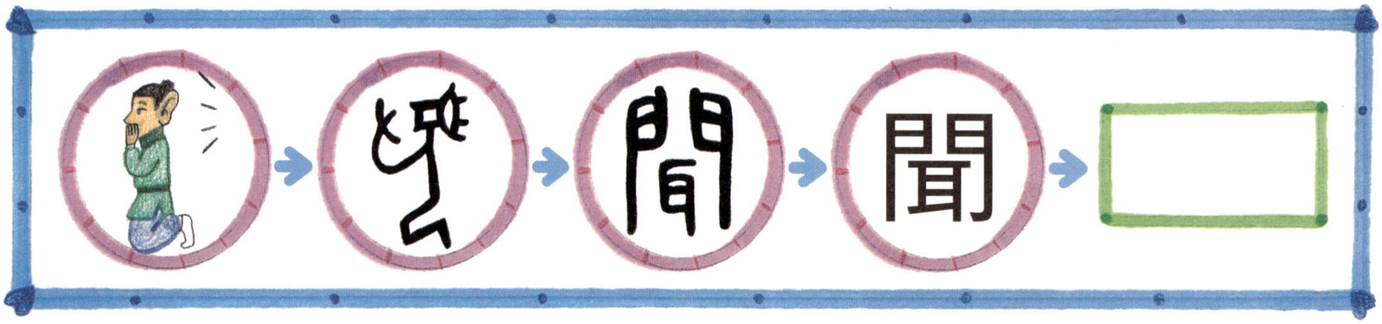

聞 → [ ]

한자를 필순에 맞게 쓰세요.

동녘 동

東

서녘 서

西

볼/뵈올 견/현

見

들을 문

聞

✏️ 〈보기〉에서 알맞은 한자어를 찾아 쓰세요.

東양 : 동쪽 아시아 일대(중국과 인도의 문화권에 속하는 대부분의 아시아 지역)

_____ : 동쪽에서 불어오는 바람

_____ : 서쪽에 있는 바다

西유기 : 중국 4대 기서 중의 하나

_____ : 보고 들음, 또는 보고 들어서 얻은 지식

_____ : 여러 사람의 입에 오르내리면서 전하여 오는 말

〈보기〉   東양   西유기   見문   東풍   西해   소聞

🖍 동화를 읽고 〈보기〉에서 알맞은 한자를 찾아 쓰세요.

낙타와 소

낙타는 동[東]쪽 마을에 살고, 소는 서[西]쪽 마을에 살았어요.

하루는 소가 낙타를 찾아가서 자랑을 했어요.

"낙타야, 이 뿔을 좀 보렴[見]. 반질반질한게 단단하고 튼튼하지?

이건 임금님의 왕관과 같은 거야."

이 말을 듣고[聞], 낙타는 날마다 소를 부러워하다가 하루는 하느님께 소원을 말했어요.

"하느님, 저에게도 소처럼 뿔이 나게 해 주십시오."

낙타의 소원을 들은 하느님은 눈살을 찌푸리며 말했어요.

"이봐라, 낙타야! 너는 소보다 몸집이 크고[大] 힘도 세지 않느냐?

어째서 네게 필요하지도 않은 쇠뿔을 갖고 싶어하느냐? 욕심을 부리지 말거라."

그러나 낙타는 뿔[角]을 갖고 싶다고 자꾸 졸랐어요.

"두 개가 아니라도 좋습니다. 단 한 개라도 뿔이 나도록 해 주십시오."

잠자코 듣고 있던 하느님이 성난 소리로 꾸짖었어요.

"네게 필요한 것은 다 갖추고 있는데도 엉뚱하게 쇠뿔을 달라고 하니

이건 네 욕심이 너무 심한 것이다. 네게 벌을 내리노라."

그 후 낙타는 등이 굽어지고 그나마 있던 귀[耳]까지 잃어 버렸어요.

낙타의 머리가 밋밋한 까닭은 이것 때문이랍니다.

〈보기〉 聞 角 耳 大 東 西 見

• 제시된 문항 외에 한자로 변환할 수 있는 부분을 한자로 써 봅니다.

풀어보기

● 한자의 뜻과 소리를 쓰세요.

見　뜻: _____ 소리: _____

西　뜻: _____ 소리: _____

東　뜻: _____ 소리: _____

聞　뜻: _____ 소리: _____

● 바르게 연결하세요.

 ・　・ 東

 ・　・ 聞

 ・　・ 西

 ・　・ 見

● 빈 칸에 알맞은 한자를 쓰세요.

* 우리 가족은 [동] [해]로 놀러갔습니다.

* 어젯밤에 [서] [부] 영화를 보았다.

* 오늘은 자동차 공장에 [견] [학]을 갔습니다.

* [신] [문]에서 많은 정보를 얻을 수 있습니다.

● 뜻·소리에 알맞은 한자를 쓰세요.

동녘 동				
서녘 서				
볼/뵈올 견/현				
들을 문				

순우리말 같은 한자어 1

우리말 중 대략 70%에 해당하는 언어가 한자어로 이루어졌다고 합니다.

우리가 배우는 교과서의 문장이나 아빠가 자주 보시는 신문에서도

매우 많은 한자어를 찾을 수 있습니다.

우리가 한자를 배우는 이유 중 하나는 바로 이 때문입니다.

한자를 익혀 우리말, 우리글을 쉽게 배우고

학년이 올라갈수록 많아지는 전문 용어나 학술 용어 등의 어휘들을

쉽게 받아들이기 위해서입니다.

신문이나 좋아하는 책, 또는 교과서를 펼쳐 놓고 한자어를 찾아 O표 해 보고

어떤 한자로 쓰는지 국어 사전에서 확인해 보세요.

일상 생활에서 흔히 쓰는 말 중에서 순우리말처럼 느껴지지만,

한자어인 경우가 의외로 많이 있답니다.

― 계속 ―

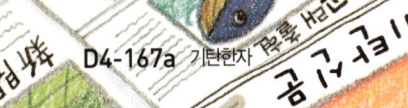

해답

D4집
157a-168a

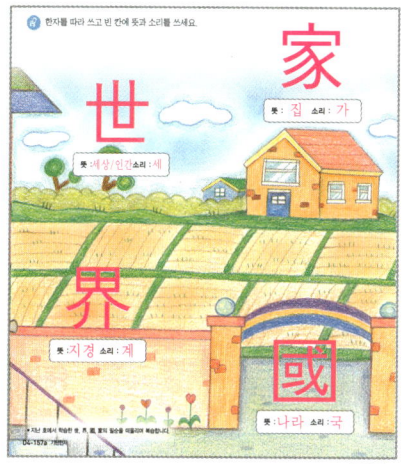
157a

157b

159a

159b

160a

160b

161a

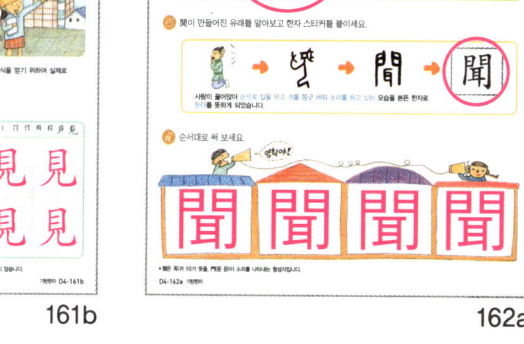
161b 162a

기탄한자 D4-167b

東 西

見 聞

西 서녘 서	東 동녘 동
聞 들을 문	見 볼/뵈올 견/현

펴낸이 : 정지향
펴낸곳 : (주)기탄교육
기획·편집·디자인 : 기탄교육연구소
주소 : 06698 서울특별시 서초구 효령로 40 기탄출판센터
등록 : 제2000-000098호
전화 : (02) 586-1007
팩스 : (02) 586-2337

※ 서점에 갈 시간이 없거나 구하기 어려운 분은 인터넷 또는 전화로 신청하세요. 즉시 우송해 드립니다.
● www.gitan.co.kr

ⓒ (주)기탄교육 All rights reserved.
저작권자의 동의 없이 본 교재를 무단으로 복제하거나 전재하는 것을 금합니다.

받아쓰기

• 엄마가 뜻·소리를 부르고 아이가 한자를 써 보도록 합니다.

14호에서 배운 한자를 다시 한번 써 보세요.

東	東 東 東 東 東
동녘 동	

西	西 西 西 西 西
서녘 서	

見	見 見 見 見 見
볼/뵈올 견/현	

聞	聞 聞 聞 聞 聞
들을 문	

D4집
169a-180a

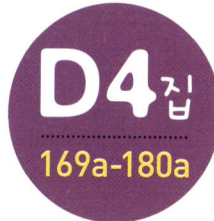

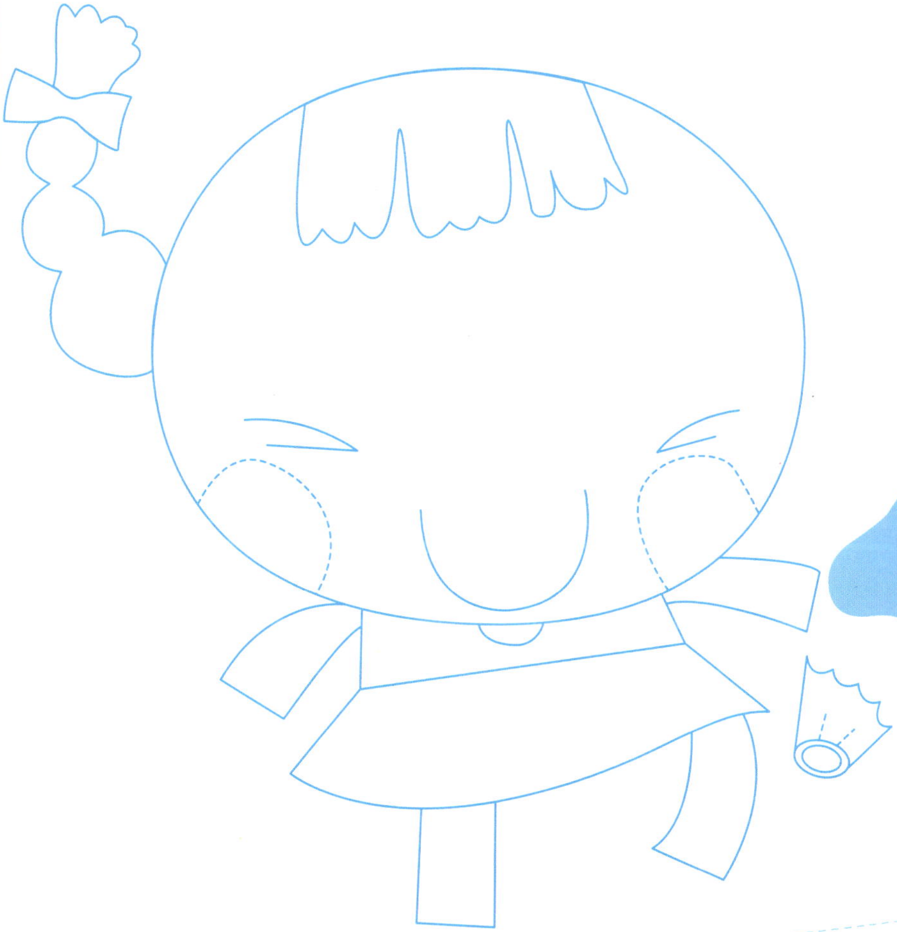

15호

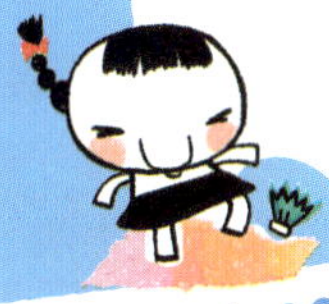

기탄한자 D단계 4집 169a~180a

그림으로 익히고 놀이로 기억하는 입체 한자 학습 프로그램

기탄®한자

D4집
15호
169a-180a

공부한 날   월   일 ~   월   일
(원)교   반
이름   전화

www.gitan.co.kr

기초 탄탄한 교육 · 기본 탄탄한 학습
G 기탄교육

 ## D단계에서 배울 한자입니다.

	D단계						
1집	青, 赤, 音, 色	2집	公, 平, 意, 思	3집	前, 後, 走, 止	4집	世, 界, 國, 家
	住, 所, 姓, 名		老, 弱, 貧, 富		法, 道, 完, 全		東, 西, 見, 聞
	利, 用, 有, 無		正, 直, 忠, 孝		善, 惡, 長, 短		南, 北, 兒, 童
	복습		복습		복습		복습

※ 매주마다 학습한 한자를 누적하여 읽어 보세요.

학습진단 관리표

	훈음 읽기	훈음 쓰기	한자 쓰기	한자어 읽기	이번 주는?
금주평가	Ⓐ아주 잘함	Ⓐ아주 잘함	Ⓐ아주 잘함	Ⓐ아주 잘함	●학습방법 ❶매일매일 ❷가끔 ❸한꺼번에 하였습니다.
	Ⓑ잘함	Ⓑ잘함	Ⓑ잘함	Ⓑ잘함	●학습태도 ❶스스로 잘 ❷시켜서 억지로 하였습니다.
	Ⓒ보통	Ⓒ보통	Ⓒ보통	Ⓒ보통	●학습흥미 ❶재미있게 ❷싫증내며 하였습니다.
	Ⓓ노력해야 함	Ⓓ노력해야 함	Ⓓ노력해야 함	Ⓓ노력해야 함	●교재내용 ❶적합하다고 ❷어렵다고 ❸쉽다고 하였습니다.
	지도 교사가 부모님께				부모님이 지도 교사께

종합평가	Ⓐ아주 잘함	Ⓑ잘함	Ⓒ보통	Ⓓ노력해야 함

D4집
169a-180a

이번 주에는 南 (남녘 남), 北 (북녘 북), 兒 (아이 아), 童 (아이 동)을 배워요.

이렇게 **도와** 주세요

1 일차 169a~170b
- 지난 호에서 학습한 東, 西, 見, 聞을 복습합니다.
- 동화를 읽고 南, 北, 兒, 童의 뜻, 소리를 알아봅니다.
- 한자 카드나 받아쓰기로 앞서 배운 한자를 복습합니다.

2 일차 171a~172b
- 南, 北의 뜻, 소리, 모양, 자원, 필순, 한자어를 익힙니다.
- 北은 '북쪽'을 뜻하는 것 외에 '달아나다, 지다'를 뜻할 때는 '배'로 읽혀짐을 설명합니다. 예:敗北-패배

3 일차 173a~174b
- 兒, 童의 뜻, 소리, 자원, 필순, 한자어를 익힙니다.
- 兒, 童은 비슷한 뜻을 지닌 한자입니다.

4 일차 175a~177b
- 177a에서 보기의 한자어를 한자로 표기해 보도록 합니다.
  예:南도→南道, 南행→南行, 여兒→女兒

5 일차 178a~180a
- 풀어보기를 통해 이번 주에 학습한 한자를 정리합니다.
- D단계의 학습 한자가 마무리되는 주이므로 관심을 갖고 모르는 한자를 복습하도록 합니다.

 다시 보기

한자를 따라 쓰고 빈 칸에 뜻과 소리를 쓰세요.

聞
뜻: 소리:

見
뜻: 소리:

西
뜻: 소리:

東
뜻: 소리:

● 지난 호에서 학습한 東, 西, 見, 聞의 필순, 뜻·소리를 복습합니다.

빈 칸에 알맞은 한자를 쓰세요.

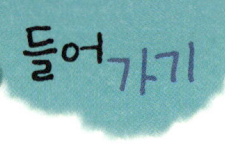

 동화를 읽고 같은 모양의 한자를 찾아 스티커를 붙이세요.

북두칠성

옛날 옛날 **남쪽(南)** 마을에 홀어머니와
일곱 명의 남자 **아이(兒)**들이 살고 있었어요.
일곱 형제는 서로 우애가 좋았고, 홀어머니에게 효성도 지극했어요.
"콜록 콜록"
어머니 방에서 기침 소리가 났어요.
"형님, 요즘 어머님 건강이 좋지 않으신가봐요.
어머님이 밤마다 어딜 다녀오시더니 감기에 걸리셨나 봅니다."
"그래, 그럼 오늘 밤에 어머님을 따라가 보자.
우리가 할 수 있는 일이면 대신 해 드려야겠다."

• 북두칠성에 얽힌 전래 동화를 읽고 이번 주에 배울 한자를 알아봅니다.

밤이 되어 형제들이 어머니 뒤를 몰래 따라갔어요.

어머니는 바쁜 걸음으로 마을을 벗어나더니 차디찬 개울물을 맨발로 건넜어요.

그리고는 어느 큰 나무 밑에 이르자

일곱 아이들(童)이 잘 자라게 해 달라고 기도를 하는 것이었어요.

어머니의 정성에 감동한 일곱 형제는 어머니를 위해

큰 돌을 구해다가 개울에 징검다리를 놓았어요.

어머니는 집에 돌아오자 기쁜 얼굴로 말했어요.

"누군가 착한 사람들이 개울에 징검다리를 놓았더구나.

그 사람들이 죽으면 별이 되게 해 달라 빌어야겠다."

우애 좋은 일곱 형제는 어머니의 기원대로 별이 되었어요. 일곱 형제들은 흩어지지 않고 국자 모양의 별이 되어 북쪽(北) 하늘에서 지금도 반짝이고 있답니다.

● 도입쪽이므로 한자의 뜻과 소리와 모양을 알아보고 쓰거나 암기하도록 하지 않습니다.

南 알아보기

🔊 빈 곳에 알맞은 스티커를 붙이고 한자의 뜻과 소리를 읽어 보세요.

뜻 : 남녘   소리 : 남

📄 南이 만들어진 유래를 알아보고 한자 스티커를 붙이세요.

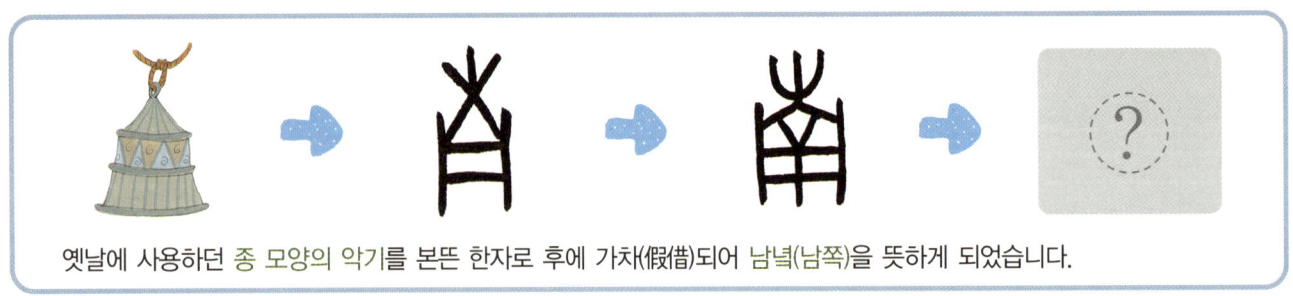

옛날에 사용하던 종 모양의 악기를 본뜬 한자로 후에 가차(假借)되어 남녘(남쪽)을 뜻하게 되었습니다.

✏️ 순서대로 써 보세요.

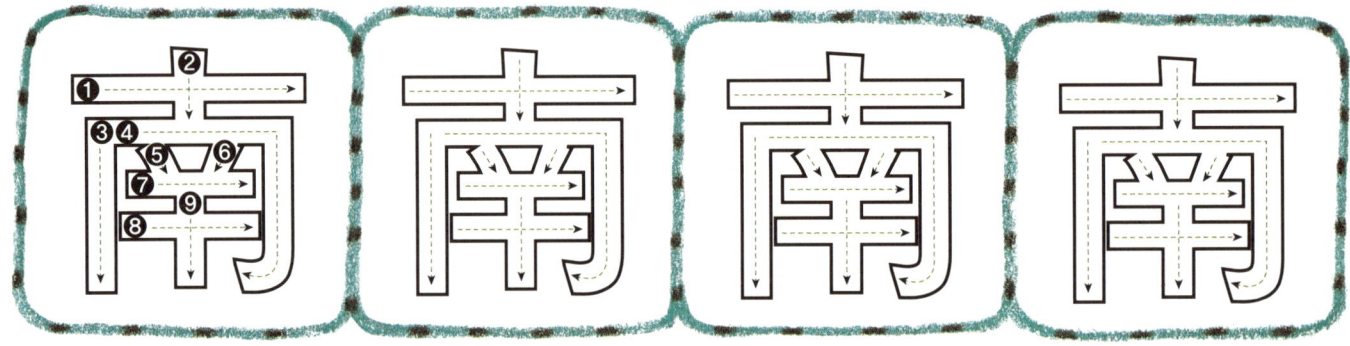

• 가차(假借)란 어떤 뜻을 나타내는 한자가 없을 때, 본자의 뜻과는 상관없이 빌려서 쓰는 것을 말합니다.

📝 南의 뜻, 소리, 모양을 쓰세요.

- 南은 _____ 을 뜻하고, _____ 이라고 읽습니다.

- 남녘 남은 _____ 이라고 씁니다.

- _____ 은 _____ 을 뜻하고, _____ 이라고 읽습니다.

📝 빈 칸에 南을 쓰고, 南이 쓰인 한자어를 익혀 보세요.

☐ 극 : 지축의 남쪽 끝

☐ 대문 : 서울에 있는 숭례문의 다른 이름

📝 필순에 맞게 南을 써 보세요.

十부수 – 총 9획

一 十 ナ 内 内 内 南 南 南

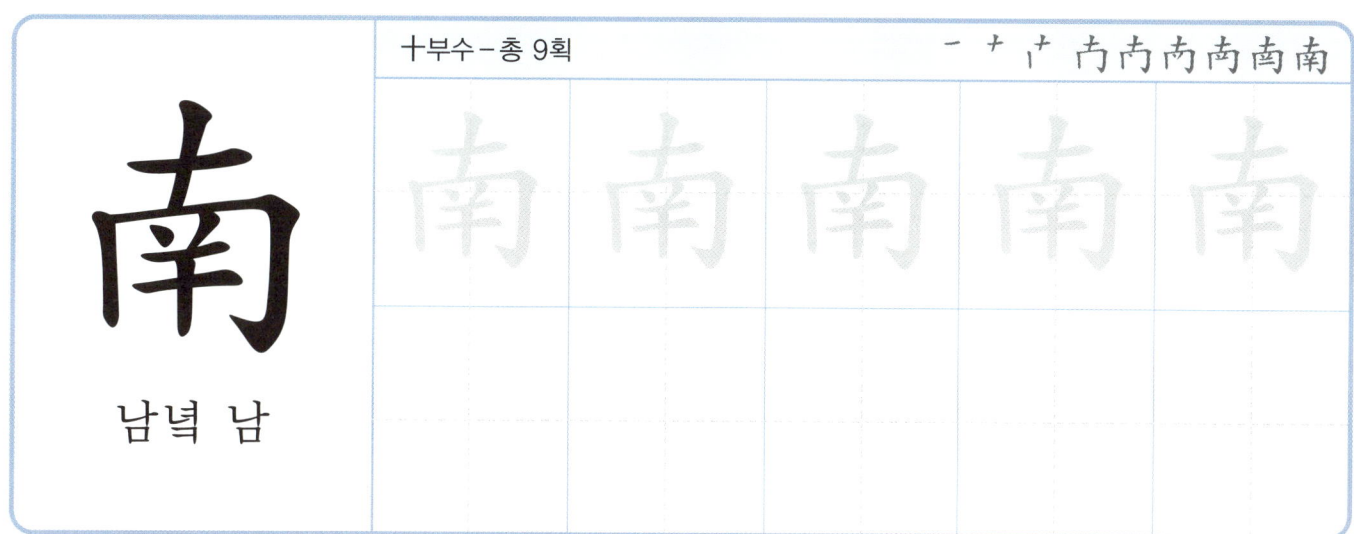

南
남녘 남

● 南이 쓰인 다른 한자어도 이야기해 봅니다. 예 : 南山(남산), 南向(남향), 南風(남풍)

北 알아보기

🔊 빈 곳에 알맞은 스티커를 붙이고 한자의 뜻과 소리를 읽어 보세요.

뜻: 북녘/달아날   소리: 북/배

📖 北이(가) 만들어진 유래를 알아보고 한자 스티커를 붙이세요.

두 사람이 서로 등을 마주대고 서 있는 것을 본뜬 한자로, 후에 가차(假借)되어 북녘(북쪽)을 뜻하게 되었습니다.

✏️ 순서대로 써 보세요.

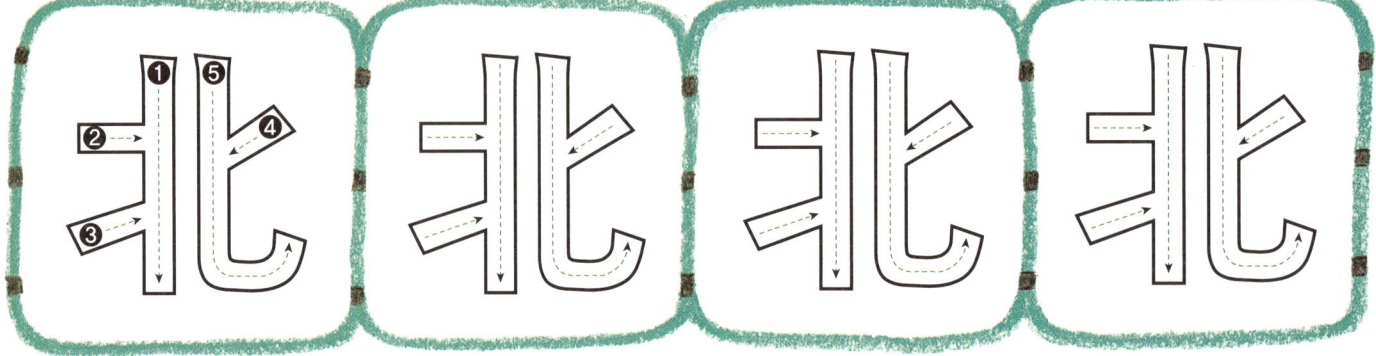

• 北은 '북녘 북' 외에 '달아날 배'로 쓰이는 경우는 敗北(패배)가 있습니다.

📝 北의 뜻, 소리, 모양을 쓰세요.

- 北은(는) _____ 을(를) 뜻하고, _____ (이)라고 읽습니다.

- 북녘/달아날 북/배은(는) _____ (이)라고 씁니다.

- _____ 은(는) _____ 을(를) 뜻하고, _____ (이)라고 읽습니다.

📝 빈 칸에 北을(를) 쓰고, 北이(가) 쓰인 한자어를 익혀 보세요.

☐ 극 : 지축의 북쪽 끝

☐ 상 : 북쪽으로 올라 감

📝 필순에 맞게 北을(를) 써 보세요.

北 북녘/달아날 북/배 匕부수-총 5획

- 北의 반대되는 뜻을 지닌 한자는 南입니다. 北은 ㅣ ㅓ ㅓ ㅓ 北 의 순으로 쓰기도 합니다.

兒 알아보기

🔊 빈 곳에 알맞은 스티커를 붙이고 한자의 뜻과 소리를 읽어 보세요.

뜻: 아이 소리: 아

📝 兒가 만들어진 유래를 알아보고 한자 스티커를 붙이세요.

어린 아기의 정수리 숨구멍이 아직 닫히지 않은 모습을 본뜬 한자로 아이를 뜻합니다.

✏️ 순서대로 써 보세요.

• 兒의 모양을 외우지 않고 자원과 연관하여 머리가 크고 숨구멍이 열린 모습으로 기억하게 합니다.

兒의 뜻, 소리, 모양을 쓰세요.

- 兒는 _____를 뜻하고, _____라고 읽습니다.

- 아이 아는 _____라고 씁니다.

- _____는 _____를 뜻하고, _____라고 읽습니다.

빈 칸에 兒를 쓰고, 兒가 쓰인 한자어를 익혀 보세요.

유 ☐ : 젖먹이

☐ 동 : 어린아이

필순에 맞게 兒를 써 보세요.

ㄦ부수 – 총 8획

兒
아이 아

 童 알아보기

🔊 빈 곳에 알맞은 스티커를 붙이고 한자의 뜻과 소리를 읽어 보세요.

뜻 : 아이 소리 : 동

📖 童이 만들어진 유래를 알아보고 한자 스티커를 붙이세요.

마을(里)에 서(立) 있는 어린아이를 나타낸 한자입니다.

✏️ 순서대로 써 보세요.

• 童은 立(설 립)과 里(마을 리)로 파자(破字)하면 쉽게 기억할 수 있습니다.

- 童의 뜻, 소리, 모양을 쓰세요.

  - 童은 _____를 뜻하고, _____이라고 읽습니다.

  - 아이 동은 _____이라고 씁니다.

  - _____ 은 _____를 뜻하고, _____이라고 읽습니다.

- 빈 칸에 童을 쓰고, 童이 쓰인 한자어를 익혀 보세요.

목 ☐ : 풀을 뜯기며 가축을 치는 아이

☐ 화 : 어린이에게 들려 주거나 읽히기 위하여 지은 이야기

- 필순에 맞게 童을 써 보세요.

立부수 - 총 12획

丶 亠 立 立 产 咅 咅 音 音 音 童 童

童 아이 동

- 兒와 童은 비슷한 뜻을 지닌 한자입니다. 兒 : 어린 아기를 표현 童 : 열 대여섯 살 이하의 아이

다지기

알맞은 뜻과 소리를 찾아 ○하세요.

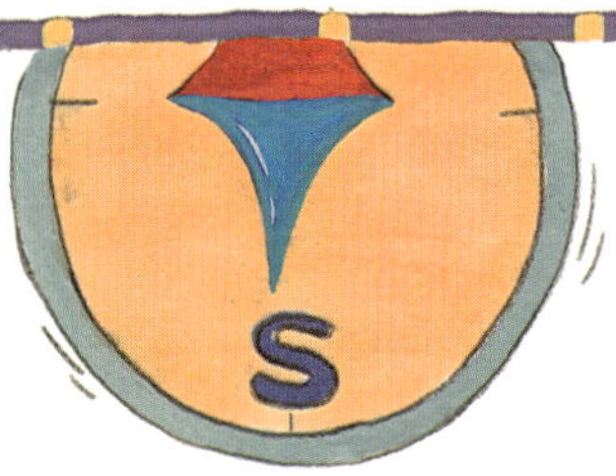

한자	뜻	소리
南	아이 / 남녘 / 북녘·달아날	남 / 동 / 북·배
北	북녘·달아날 / 남녘 / 아이	아 / 남 / 북·배
兒	남녘 / 북녘·달아날 / 아이	아 / 남 / 북·배
童	북녘·달아날 / 아이 / 남녘	북·배 / 남 / 동

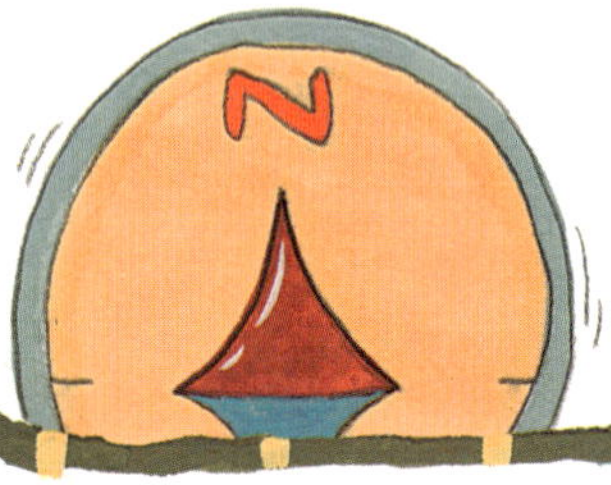

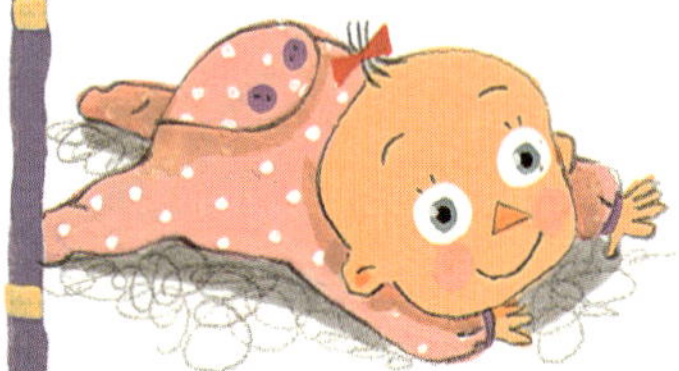

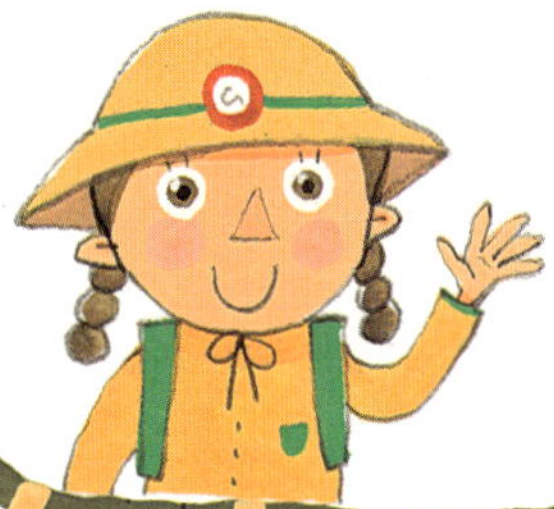

빈 곳에 스티커를 붙여 그림을 완성하고 알맞게 연결하세요.

• '밭 전'과 '마을 리'도 한자로 바꿔 써 봅니다. 예 : 밭 전→田, 마을 리→里

자원을 보고 빈 칸에 알맞게 쓰세요.

한자를 필순에 맞게 쓰세요.

〈보기〉에서 알맞은 한자어를 찾아 쓰세요.

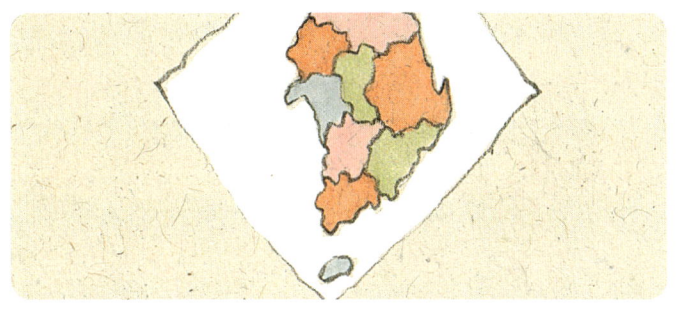
南도 : 경기도 이남의 지방을 이르는 말

_____ : 남쪽으로 감. 남쪽 지방으로 감

_____ : 휴전선 이북의 한국

北두칠성 : 큰곰자리에서 가장 뚜렷하게 보이는 국자 모양으로 된 일곱 개의 별. 북두성

_____ : 여자아이. 딸

_____ : 여러 가지 재주와 지혜가 남달리 뛰어난 아이

★ 〈보기〉 신童   南도   南행   北한   北두칠성   여兒 ★

• 한자어를 쓸 때 알고 있는 한자를 활용해서 쓰는 기회를 갖도록 합니다.

🖊 동화를 읽고 〈보기〉에서 알맞은 한자를 찾아 쓰세요.

어린 원님

옛날에 나이 아홉에 원님이 된 아이 [兒] 가 있었어요.

그 마을 이방이 나이 어린 원님을 얕보았어요. 하루는 스님을 시켜 거짓으로 갓이 회오리 바람에 날아갔다고 하게 했어요. 그러나 영리한 원님은 스님의 눈빛을 보고 거짓이라는 것을 얼른 눈치챘어요.

그리고는 강 [江] 에 가서 사공을 데려오라고 했어요.

"사공은 들으라. 만약 배가 남 [南] 쪽으로 갈려면 어떻게 해야 하느냐?"

"그야 북풍이 불라고 빌지요." "만약 배가 북 [北] 쪽으로 가려면?"

"그 때는 도로 남풍이 불라고 빌지요." 그러자 원님은 싱긋 웃더니 이렇게 판결을 내렸어요.

"이제 보니 회오리 바람이 분 것은 모두 사공들 때문이구나.

바람더러 이래라 저래라 했으니 방향 [向][方] 을 잡지 못하고 회오리바람이 되지 않았느냐?

너희 때문에 스님의 갓이 날아갔으니, 사공은 스님의 갓을 새로 지어 주거라.

그리고 다시 갓이 날려 가지 않도록 흙으로 빚어서 쇠줄을 달도록 해라."

그제야 스님도 원님의 꾀를 눈치채고 뉘우치며 말했어요.

"원님, 용서해 주십시오. 사실은 이방 나리가 하라는 대로 거짓말을 했습니다."

그 후 [後] 로는 아무도 원님을 얕보지 못했답니다.

〈보기〉 兒 江 向 後 南 北 方

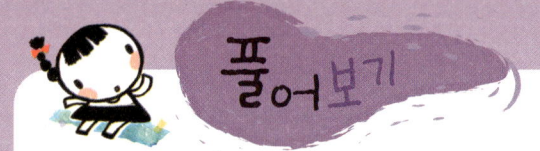

- 한자의 뜻과 소리를 쓰세요.

北 뜻: _____ 소리: _____

南 뜻: _____ 소리: _____

兒 뜻: _____ 소리: _____

童 뜻: _____ 소리: _____

- 바르게 연결하세요.

 → 立 + 里 •   • 北

 → 肖 → 南 •   • 兒

 → 쌍 → 北 •   • 南

 → 兒 → 兒 •   • 童

● 빈 칸에 알맞은 한자를 쓰세요.

* ☐남 극☐ 에 세종과학기지가 세워졌습니다.

* 태풍이 ☐북 상☐ 하고 있습니다.

* 우리 이모는 유☐ ☐아 교육학과에 진학했다.

* 내가 제일 좋아하는 ☐동 화☐ 는 피터팬이다.

● 뜻·소리에 알맞은 한자를 쓰세요.

 남녘 남					
북녘/달아날 북/배					
아이 아					
아이 동					

순우리말 같은 한자어 2

◆ 아래 문장에서 한자어를 찾아 보세요.

> 난 단지 널 아끼는 마음에 그랬을 뿐이야.
> 물론 그건 내 잘못이야.
> 만일 꽃들에게 날개가 있다면?
> 혹시 엄마가 다녀가셨을까?
> 정말 미안합니다.
> 도둑은 심지어 꽃병까지 들고 갔다.

이 중에서 어떤 낱말이 한자어일까요?

〈해답〉 단지 : 但只   물론 : 勿論   만일 : 萬一   혹시 : 或是   미안 : 未安   심지어 : 甚至於

이렇게 우리는 많은 한자어들 속에 둘러 싸여 의식 중에
또는 무의식 중에 한자를 사용하고 있습니다.
지금까지는 하나 하나의 한자를 중심으로 익혔으나,
다음 단계부터는 낱낱의 한자가 아닌
교과서에 실린 한자어를 중심으로
공부하도록 하겠습니다.

해답

D4집 169a-180a

169a

169b

171a

171b

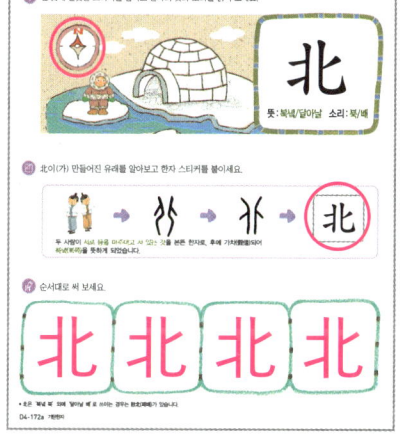
172a

172b

173a

173b

174a

기탄한자 **D4-179b**

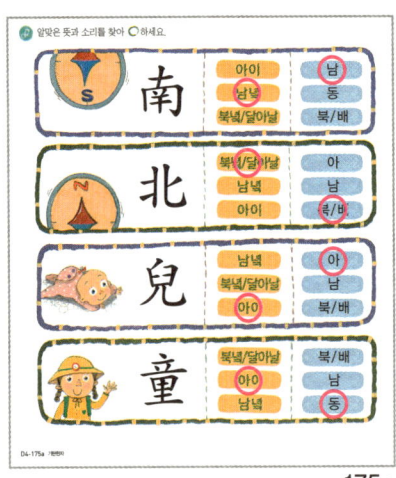

南

北

兒

童

북녘/달아날 북/배

남녘 남

아이 동

아이 아

170a		170b	
南 남녘 남	兒 아이 아	北 북녘/달아날 북/배	童 아이 동

171a  南

172a  北

173a  兒

174a  童

175b

아이 아 兒

펴낸이 : 정지향
펴낸곳 : (주)기탄교육
기획·편집·디자인 : 기탄교육연구소
주소 : 06698 서울특별시 서초구 효령로 40 기탄출판센터
등록 : 제2000-000098호
전화 : (02)586-1007
팩스 : (02)586-2337

※서점에 갈 시간이 없거나 구하기 어려운 분은 인터넷 또는 전화로 신청하세요. 즉시 우송해 드립니다.
● www.gitan.co.kr

ⓒ (주)기탄교육 All rights reserved.
저작권자의 동의 없이 본 교재를 무단으로 복제하거나 전재하는 것을 금합니다.

받아쓰기

● 엄마가 뜻·소리를 부르고 아이가 한자를 써 보도록 합니다.

15호에서 배운 한자를 다시 한번 써 보세요.

南	南	南	南	南	南

남녘 남

北	北	北	北	北	北

북녘/달아날 북/배

兒	兒	兒	兒	兒	兒

아이 아

童	童	童	童	童	童

아이 동

D4집

181a-192a

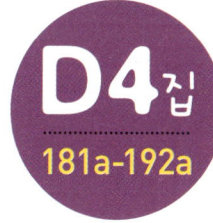

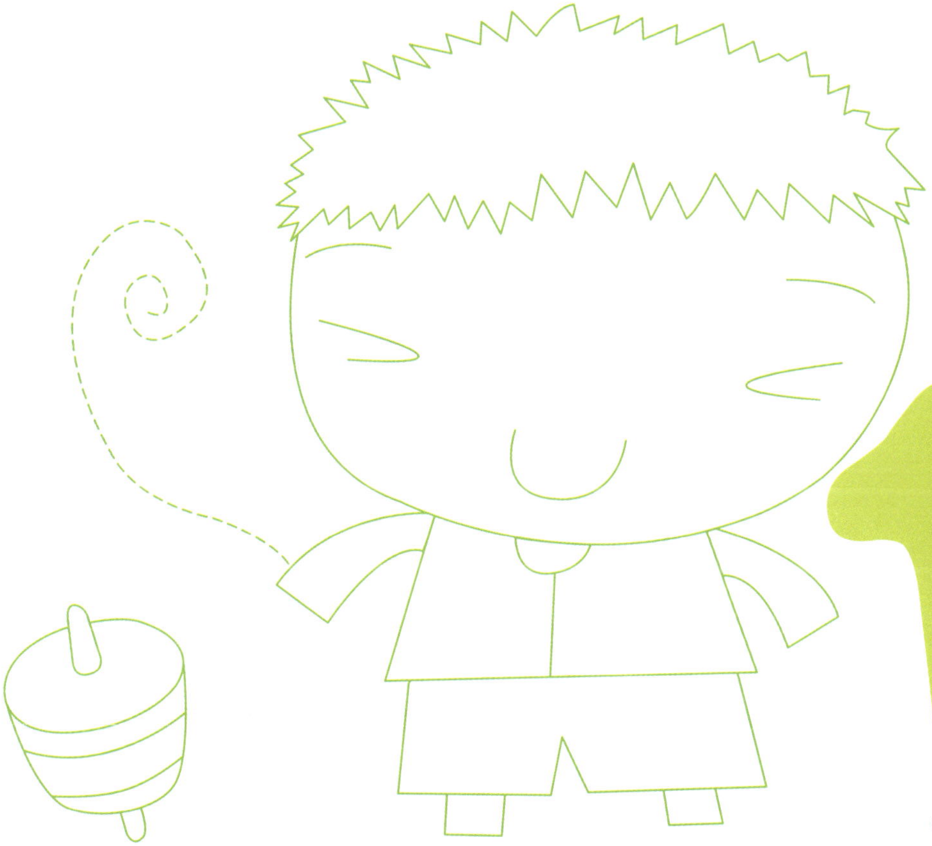

16호

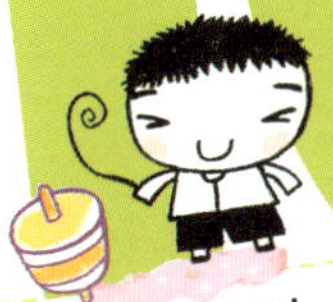

기탄한자 D단계 4집 **181a~192a**

그림으로 익히고 놀이로 기억하는 입체 한자 학습 프로그램

기탄®한자

D4집
16호
181a-192a

공부한 날   월   일 ~   월   일
_____
         (원)교   반
_____
이름   전화
_____
www.gitan.co.kr

기초 탄탄한 교육 · 기초 탄탄한 학습
G 기탄교육

 **D단계에서 배울 한자입니다.**

	D단계					
1집	靑, 赤, 音, 色	2집	公, 平, 意, 思	3집	前, 後, 走, 止	4집	世, 界, 國, 家
	住, 所, 姓, 名		老, 弱, 貧, 富		法, 道, 完, 全		東, 西, 見, 聞
	利, 用, 有, 無		正, 直, 忠, 孝		善, 惡, 長, 短		南, 北, 兒, 童
	복습		복습		복습		복습

※ 매주마다 학습한 한자를 누적하여 읽어 보세요.

학습진단 관리표

금주평가	훈음 읽기	훈음 쓰기	한자 쓰기	한자어 읽기	이번 주는?
	Ⓐ 아주 잘함	Ⓐ 아주 잘함	Ⓐ 아주 잘함	Ⓐ 아주 잘함	● 학습방법 ❶ 매일매일 ❷ 가끔 ❸ 한꺼번에 하였습니다.
	Ⓑ 잘함	Ⓑ 잘함	Ⓑ 잘함	Ⓑ 잘함	● 학습태도 ❶ 스스로 잘 ❷ 시켜서 억지로 하였습니다.
	Ⓒ 보통	Ⓒ 보통	Ⓒ 보통	Ⓒ 보통	● 학습흥미 ❶ 재미있게 ❷ 싫증내며 하였습니다.
	Ⓓ 노력해야 함	Ⓓ 노력해야 함	Ⓓ 노력해야 함	Ⓓ 노력해야 함	● 교재내용 ❶ 적합하다고 ❷ 어렵다고 ❸ 쉽다고 하였습니다.

지도 교사가 부모님께	부모님이 지도 교사께

종합평가	Ⓐ 아주 잘함	Ⓑ 잘함	Ⓒ 보통	Ⓓ 노력해야 함

이번 주에는 **D13, D14, D15호**에서 배운 한자를 복습해요.

이렇게 **도와** 주세요

1 일차 181a~182b
- D4집에서 배운 12자의 뜻, 소리를 읽어 봅니다.
- 世와 界 낱낱의 한자로 익힌 다음 世界의 한자어로 익힙니다.
- D단계 한자 브로마이드로 아이와 함께 복습합니다.

2 일차 183a~184a
- 聞은 耳(귀 이)가 한자의 뜻요소로 작용하여 '듣다'로 쓰입니다.
- 聞은 모양이 비슷한 한자의 구별에 유의합니다.
  예: 門(문 문) 問(물을 문) 間(사이 간) 閑(한가할 한)…

3 일차 184b~186b
- D15호에서 학습한 한자의 뜻, 소리, 자원, 한자어를 복습합니다.
- 南北은 반대되는 뜻으로, 兒童은 비슷한 뜻으로 이루어진 한자어 임을 알게 합니다.

4 일차 187a~189a
- D4집에서 배운 12자를 재미있는 방법을 활용해서 복습합니다.
- 퍼즐 연결하기와 쓰기 연습을 통하여 12자를 마무리합니다.

5 일차 189b~192a
- 총괄평가를 통해 D과정에서 배운 48자의 학습 성취도를 점검해 봅니다.
- 평가결과에 따라 제시된 진도표를 참조하여 적절한 진도를 찾아 계속 학습합니다.

복습해요

🔊 한자의 뜻과 소리를 말해 보세요.

● D4집 13호, 14호, 15호에서 배운 한자의 뜻과 소리를 복습합니다. 모르는 한자를 위주로 지도합니다.

어떤 한자를 배웠나요? 같은 모양의 한자 스티커를 붙이고 뜻과 소리를 쓰세요.

世 — 뜻: 세상/인간 소리: 세

界 — 뜻: 소리:

國 — 뜻: 소리:

家 — 뜻: 소리:

• D4집 13호에서 배운 한자를 복습합니다.

어떤 한자일까요? 빈 칸에 알맞은 한자를 쓰세요.

• 자원을 보고 한자의 모양을 기억하지 못하면 한자 카드에서 찾아 보고 쓰도록 합니다.

빈 칸에 알맞은 한자를 찾아 쓰세요.

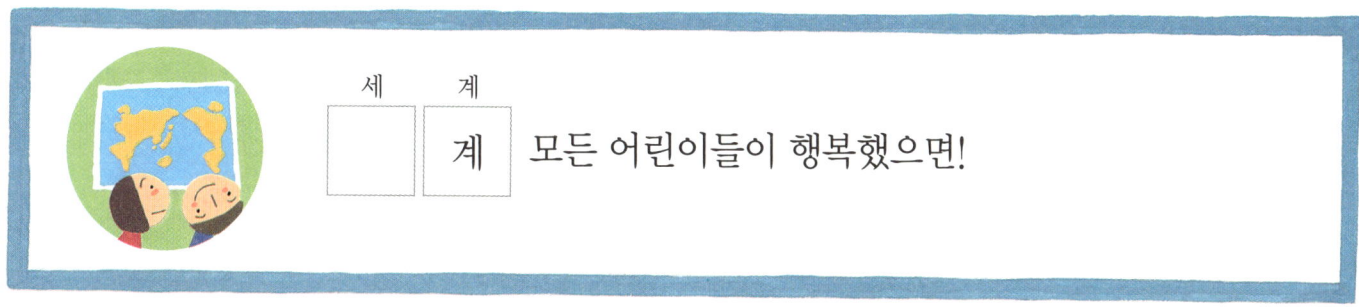
세 계
□ 계   모든 어린이들이 행복했으면!

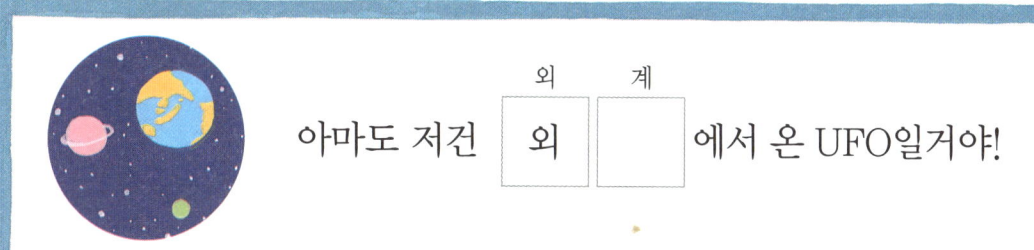
외 계
아마도 저건 외 □ 에서 온 UFO일거야!

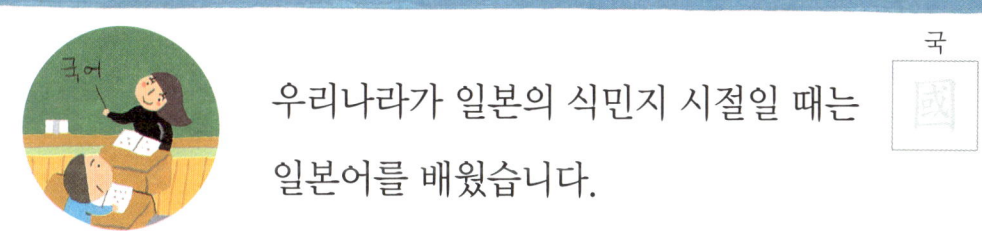
국 어
우리나라가 일본의 식민지 시절일 때는 國 어 시간에도 일본어를 배웠습니다.

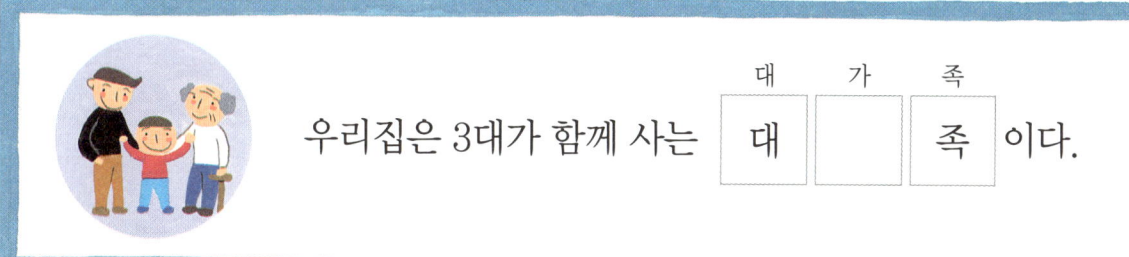
대 가 족
우리집은 3대가 함께 사는 대 □ 족 이다.

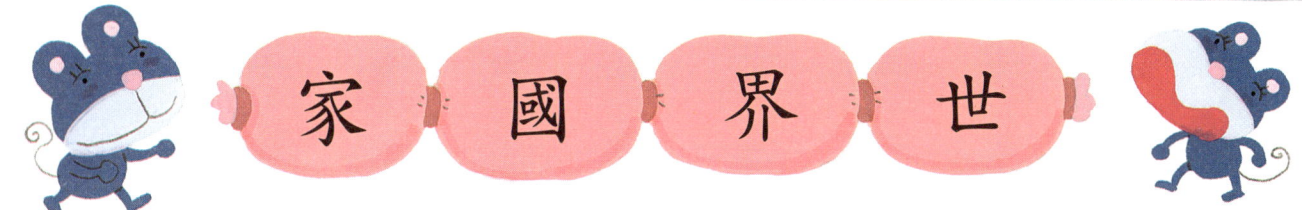

家 國 界 世

● 世계, 외界, 일본은 모두 앞서 배운 한자이므로 世界, 外界, 日本으로 표기해 보도록 합니다.

어떤 한자를 배웠나요? 같은 모양의 한자 스티커를 붙이고 뜻과 소리를 쓰세요.

東　뜻:　　소리:

西　뜻:　　소리:

見　뜻:　　소리:

聞　뜻:　　소리:

• D4집 14호에서 배운 한자를 복습합니다.

어떤 한자일까요? 빈 칸에 알맞은 한자를 쓰세요.

• 見과 聞은 모양이 비슷한 한자와 구별하도록 합니다. 貝(조개 패) 目(눈 목) / 問(물을 문) 間(사이 간) 閑(한가할 한) 開(열 개)

빈 칸에 알맞은 한자를 쓰세요.

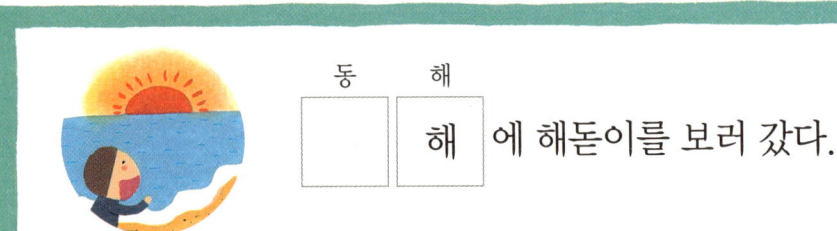
동 해
□ 해 에 해돋이를 보러 갔다.

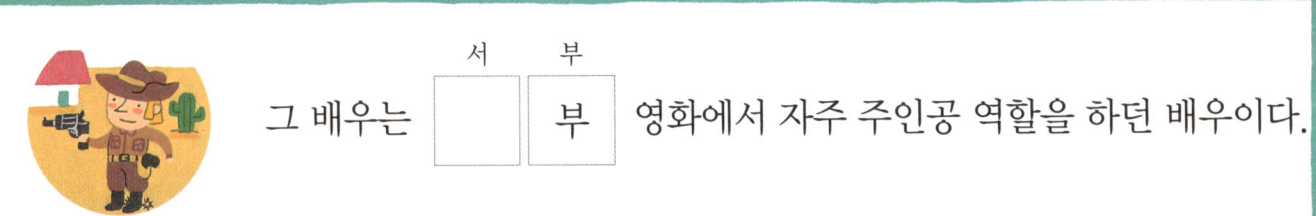
서 부
그 배우는 □ 부 영화에서 자주 주인공 역할을 하던 배우이다.

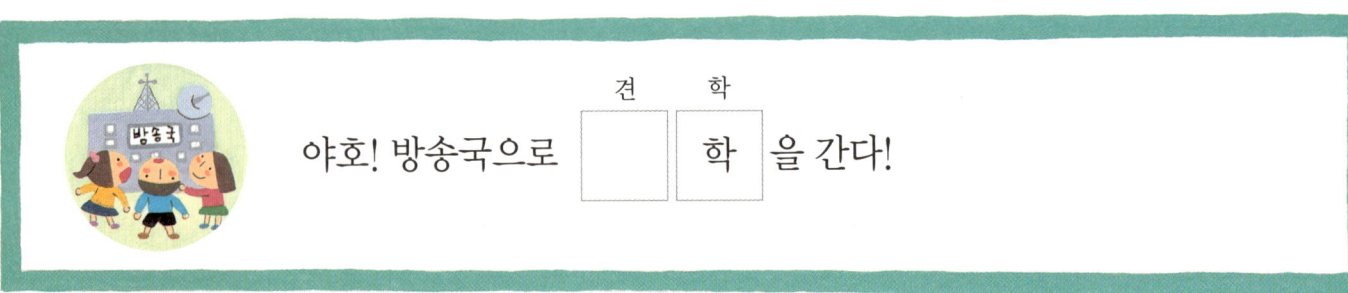
견 학
야호! 방송국으로 □ 학 을 간다!

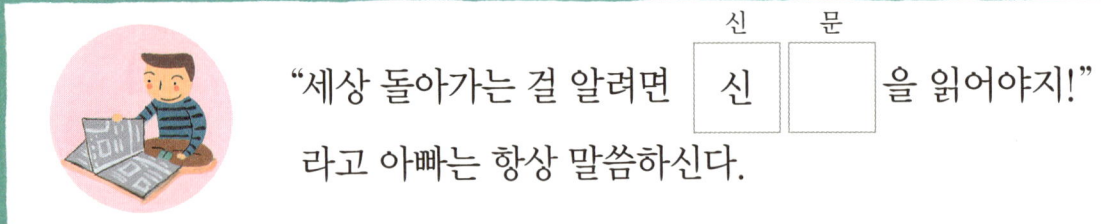
신 문
"세상 돌아가는 걸 알려면 신 □ 을 읽어야지!"
라고 아빠는 항상 말씀하신다.

東　見　聞　西

• '주인공, 세상'은 모두 앞서 배운 한자이므로 主人公, 世上으로 표기해 보도록 합니다.

한 번 더! 南 北 兒 童

어떤 한자를 배웠나요? 같은 모양의 한자 스티커를 붙이고 뜻과 소리를 쓰세요.

南 뜻: 소리:

北 뜻: 소리:

兒 뜻: 소리:

童 뜻: 소리:

• D4집 15호에서 배운 한자를 복습합니다.

어떤 한자일까요? 빈 칸에 알맞은 한자를 쓰세요.

• 자원을 보고 한자의 모양을 기억하지 못하면 한자 카드에서 찾아서 보고 쓰도록 합니다.

빈 칸에 알맞은 한자를 쓰세요.

 판문점에서 [남] [북] 정상 회담이 열렸습니다.

 태풍이 [북] [상] 하고 있습니다.

 나는 자라서 [아] [동] 문학가가 되고 싶다.

 거짓말만 하던 [목][동]은 혼자 남게 되었어요.

南　童　北　兒

• '북상'을 北上으로 표기해 보도록 합니다.

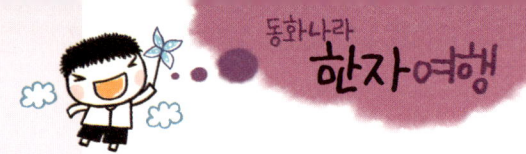

🔖 빈 곳에 스티커를 붙이고 알맞은 한자를 쓰세요.

울산 바위

옛날 古 에 하느님이 금강산을 만드실 때의 일이에요.

하느님은 금강산에 1만 2천 개의 봉우리를 만들고 싶었어요.

그래서 **나라** ☐ 안에 있는 모든 산에게 말했어요.

"금강산의 산봉우리가 되고 싶은 바위들은 모두 모이거라."

이 소리를 **듣고** ☐ 경상도 울산에 있는 바위들도 금강산을 향해 길을 떠났어요.

울산 바위들이 강원도 양양에 도착했을 때였어요.

동서남북 ☐☐☐☐ 각지에서 온 바위들로

1만 2천 개의 봉우리가 이미 만들어졌다는 **소문** 所 聞 을 들었어요.

父 所 國 古 東 西

• 학습한 한자를 동화 문장 속에 적용해봅니다.

울상이 된 울산 바위는 금강산까지 가지 못하고 강원도 양양에 주저앉았어요.

이 소식을 들은 경상도 원님은 울산 바위를 강원도에 주기 아까웠어요.

그래서 강원도 원님에게 세금을 받으러 올라가기로 했어요.

강원도 원님이 걱정을 하자 영리한 그의 **아들** [ ] 이 말했어요.

"아버님, 걱정 마세요. 제가 경상도 원님을 만나 볼게요."

양양에 도착한 경상도 원님은 울산 바위의 세금을 내놓으라고 따졌어요.

아버지 [ ] 대신 경상도 원님을 만난 강원도 원님의 아들이 이렇게 말했어요.

"이 곳에는 잘 생긴 바위가 얼마든지 있습니다.

울산 바위는 우리 고장의 자랑감이 못됩니다. 어서 울산 바위를 가지고 가시오."

경상도 원님은 **아동** [ ][ ] 에게 당하는게 분했지만,

아무 말도 못하고 빈 손으로 돌아갔답니다.

子 聞 南 北 兒 童

다지기

퍼즐이 완성 되도록 그림을 찾아 연결하고 빈 칸에 알맞게 쓰세요.

南　北　兒　童　世　界

아이　아이　남녘　　　지경　세상/인간

남　　　아　계　북/배　동

• 퍼즐 모양과 색깔로 풀이하지 않고, 한자의 뜻과 소리로 연결하도록 합니다.

| 國 | 家 | 東 | 西 | 見 | 聞 |

| 집 | | 볼/뵈올 | 동녘 | 들을 | 서녘 |

| 국 | 가 | 동 | | 견/현 | 서 |

빈 칸에 뜻과 소리를 쓰고 필순에 맞게 한자를 쓰세요.

世					
세상/인간 세	一 十 卄 廿 世				
界					
	ノ 口 日 田 田 罒 尹 界 界				
國					
	ノ 冂 冂 冋 冋 冋 國 國 國 國 國				
家					
	ヽ ハ 宀 宁 宁 宇 宇 宇 家 家				

빈 칸에 뜻과 소리를 쓰고 필순에 맞게 한자를 쓰세요.

東				
一 厂 戸 盲 申 東 東				
西				
一 厂 厂 万 西 西				
見				
丨 冂 冂 月 目 貝 見				
聞				
丨 冂 ㄆ ㄆ ㄆ 門 門 門 門 問 問 聞 聞 聞				

기탄한자 D4-188b

빈 칸에 뜻과 소리를 쓰고 필순에 맞게 한자를 쓰세요.

• 北은 ㅡ ㅓ ㅕ ㅕ 北 의 순서로 쓰기도 합니다.

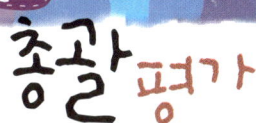

총괄평가

기탄한자 가족 여러분
D단계의 학습을 모두 마쳤어요.
재미있었나요?
다음 문제를 풀어보고 아래의
진도표를 참고하여 학습하세요.

평가 결과 및 향후 진도

평가일	년 월 일	
소요시간	시 분 ~ 시 분	
평가결과	정답 수	향후 진도
	63~84문항	아주 잘했어요. E단계 1집 1호로 진행하세요.
	46~62문항	약간 부족해요. D단계 복습호를 다시 한번 공부하세요.
	45문항 이하	많이 부족해요. D1집부터 다시 공부하세요.

● 정확한 평가와 향후 진도 결정을 위해 총괄평가시 주변 환경을 시험보는 분위기로 조성해 줍니다.

● 7세 미만 아동의 경우 부모님의 판단에 의한 탄력적 진도 운용이 가능합니다.

● 총괄평가 실시 후 반드시 채점을 하고 적절한 동기유발과 보상을 해 줍니다.

● 선을 따라 잘라서 풀어 보세요.

● 한자의 뜻과 소리를 쓰세요.

1. 意　뜻:　소리:
2. 赤　뜻:　소리:
3. 用　뜻:　소리:
4. 色　뜻:　소리:
5. 住　뜻:　소리:
6. 所　뜻:　소리:
7. 弱　뜻:　소리:
8. 名　뜻:　소리:
9. 利　뜻:　소리:
10. 音　뜻:　소리:
11. 有　뜻:　소리:
12. 長　뜻:　소리:
13. 法　뜻:　소리:
14. 平　뜻:　소리:
15. 青　뜻:　소리:
16. 完　뜻:　소리:
17. 北　뜻:　소리:
18. 姓　뜻:　소리:
19. 貧　뜻:　소리:
20. 富　뜻:　소리:
21. 正　뜻:　소리:
22. 直　뜻:　소리:
23. 世　뜻:　소리:
24. 孝　뜻:　소리:

25. 西 뜻: 소리:	26. 後 뜻: 소리:	27. 見 뜻: 소리:	28. 止 뜻: 소리:
29. 公 뜻: 소리:	30. 道 뜻: 소리:	31. 思 뜻: 소리:	32. 童 뜻: 소리:
33. 善 뜻: 소리:	34. 國 뜻: 소리:	35. 無 뜻: 소리:	36. 短 뜻: 소리:
37. 忠 뜻: 소리:	38. 界 뜻: 소리:	39. 惡 뜻: 소리:	40. 家 뜻: 소리:
41. 東 뜻: 소리:	42. 前 뜻: 소리:	43. 走 뜻: 소리:	44. 聞 뜻: 소리:
45. 南 뜻: 소리:	46. 老 뜻: 소리:	47. 兒 뜻: 소리:	48. 全 뜻: 소리:

● 빈 칸에 알맞은 한자를 쓰세요.

49. 푸를 청	50. 소리 음	51. 색/빛 색	52. 살 주
53. 성씨 성	54. 이름 명	55. 이로울 리	56. 쓸 용
57. 있을 유	58. 공평할 공	59. 뜻 의	60. 생각 사
61. 늙을 로	62. 바를 정	63. 충성 충	64. 달릴 주
65. 그칠 지	66. 법 법	67. 착할 선	68. 세상/인간 세
69. 동녘 동	70. 볼/뵈올 견/현	71. 아이 아	72. 북녘/달아날 북/배

- <보기>와 같이 해당 한자가 들어간 한자어를 2개 이상 써 보세요.

<보기>   文 – 문화   기행문   문인   문장

73. 音
74. 公
75. 法
76. 善
77. 長
78. 世
79. 國
80. 見
81. 東
82. 童
83. 老
84. 名

해답

181b

182a

182b

183a

183b

184a

184b

185a

185b

D단계에서 배운 한자

※ 벽에 붙여 놓고 반복해서 익혀 보세요.

靑	赤	音	色	住	所
푸를 청	붉을 적	소리 음	색/빛 색	살 주	곳/바 소
姓	名	利	用	有	無
성씨 성	이름 명	이로울 리	쓸 용	있을 유	없을 무
公	平	意	思	老	弱
공평할 공	평평할 평	뜻 의	생각 사	늙을 로	약할 약
貧	富	正	直	忠	孝
가난할 빈	부유할 부	바를 정	곧을 직	충성 충	효도 효
前	後	走	止	法	道
앞 전	뒤 후	달릴 주	그칠 지	법 법	길 도
完	全	善	惡	長	短
완전할 완	온전 전	착할 선	악할/미워할 악/오	길/어른 장	짧을 단
世	界	國	家	東	西
세상/인간 세	지경 계	나라 국	집 가	동녘 동	서녘 서
見	聞	南	北	兒	童
볼/뵈올 견/현	들을 문	남녘 남	북녘/달아날 북/배	아이 아	아이 동

기탄한자 D4집

181b 世　界　國　家

183a 東　西　見　聞

184b 南　北　兒　童

186b

前	後	走	止	世	界	國	家
앞 전	뒤 후	달릴 주	그칠 지	세상/인간 세	지경 계	나라 국	집 가
法	道	完	全	東	西	見	聞
법 법	길 도	완전할 완	온전 전	동녘 동	서녘 서	볼/뵈올 견/현	들을 문
善	惡	長	短	南	北	兒	童
착할 선	악할/미워할 악/오	길/어른 장	짧을 단	남녘 남	북녘/달아날 북/배	아이 아	아이 동

186a

186b

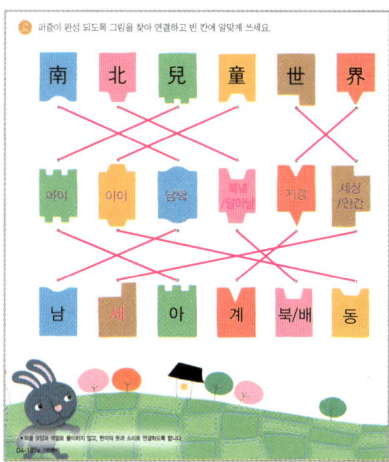

187a

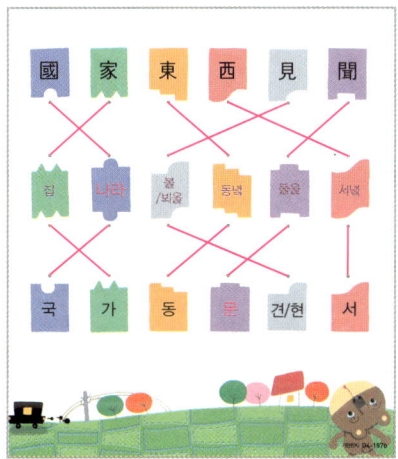

187b

• 훈음 알기

1. 뜻 의   2. 붉을 적   3. 쓸 용
4. 색/빛 색   5. 살 주   6. 곳/바 소
7. 약할 약   8. 이름 명   9. 이로울 리
10. 소리 음   11. 있을 유   12. 길/어른 장
13. 법 법   14. 평평할 평   15. 푸를 청
16. 완전할 완   17. 북녘 북 달아날 배   18. 성씨 성
19. 가난할 빈   20. 부유할 부   21. 바를 정
22. 곧을 직   23. 세상/인간 세   24. 효도 효

190a

25. 서녘 서   26. 뒤 후   27. 볼/뵈올 견/현
28. 그칠 지   29. 공평할 공   30. 길 도
31. 생각 사   32. 아이 동   33. 착할 선
34. 나라 국   35. 없을 무   36. 짧을 단
37. 충성 충   38. 지경 계   39. 악할 악 미워할 오
40. 집 가   41. 동녘 동   42. 앞 전
43. 달릴 주   44. 들을 문   45. 남녘 남
46. 늙을 로   47. 아이 아   48. 온전 전

190b

• 한자 쓰기

49. 靑   50. 音   51. 色
52. 住   53. 姓   54. 名
55. 利   56. 用   57. 有
58. 公   59. 意   60. 思
61. 老   62. 正   63. 忠
64. 走   65. 止   66. 法
67. 善   68. 世   69. 東
70. 見   71. 兒   72. 北

191a

• 한자어 알기

73. 음악, 음색   74. 공공, 공무원
75. 법률, 법원   76. 선악, 선행
77. 장점, 사장   78. 세계, 출세
79. 국왕, 국어   80. 발견, 견학
81. 동서남북, 동해   82. 목동, 동화
83. 노인, 원로   84. 명작, 지명

※ 이외에도 해당 한자가 쓰이고 국어 사전에 수록되어 있는 한자어를 쓰면 정답입니다.

191b

펴낸이 : 정지향
펴낸곳 : (주)기탄교육
기획·편집·디자인 : 기탄교육연구소
주소 : 06698 서울특별시 서초구 효령로 40 기탄출판센터
등록 : 제2000-000098호
전화 : (02) 586-1007
팩스 : (02) 586-2337

※ 서점에 갈 시간이 없거나 구하기 어려운 분은 인터넷 또는 전화로 신청하세요. 즉시 우송해 드립니다.

● www.gitan.co.kr

ⓒ (주)기탄교육 All rights reserved.
저작권자의 동의 없이 본 교재를 무단으로 복제하거나 전재하는 것을 금합니다.